O que o Brasil pode aprender com a Polônia

Lições para reconstruir um país

Levi Borba

2019

Aos meus e aos seus avós,
E todos os nossos ancestrais
Que suportando pesadelos
Liberaram nossos sonhos

ÍNDICE

Prefácio   5

Capítulo I – Eventos que moldam o caráter nacional   8

Capítulo II – Aqueles que servem de exemplo   27

Capítulo III – Auto-sacrifício   35

Capítulo IV – Teimosia e obstinação   43

Capítulo V – Família, Educação e Nação   51

Capítulo VI – A Igreja: Antemurale Christianitatis   61

Capítulo VII – O Ensino   79

Capítulo VIII – A Universidade   91

Capítulo IX – As Instituições e a mídia   104

Capítulo X – Os Valores   122

Capítulo XI – A Reconstrução   136

Capítulo XII – Em que nós já estamos melhor?   145

Agradecimentos   154

Outros livros e trabalhos do autor.   156

PREFÁCIO

Entre a Ucrânia e a Polônia em 1989

Dois países vizinhos no centro-leste europeu, com histórias que entrelaçadas por alianças, guerras, massacres e conquistas. Ambos tiveram o solo regado pelo sangue de seus filhos durante as invasões de Hitler e Stálin. Ambos presenciaram suas cidades queimadas, igrejas destruídas, clérigos assassinados, famílias exterminadas e um futuro que parecia arruinado. No final dos anos 80, com o fim da União Soviética, uma chama de esperança acendeu-se nos dois povos (e em inúmeros outros por toda a Europa). As decisões não seriam mais pautadas sobre o que era de maior conveniência para Moscou, mas sim no que Kiev ou Varsóvia julgariam mais prudentes.

Em 1990, a Ucrânia e a Polônia tinham renda per capita semelhante, com os primeiros um pouco a frente: US$6790 por ano contra US$6176 dos polacos[i], em valores correntes. O índice de desenvolvimento humano (IDH) era também parelho naquele ano, sendo e 0.705 e 0.712 respectivamente[ii]. Eram duas nações ávidas por uma paz e prosperidade que a maioria dos moradores desconhecia[iii].

Quase trinta anos depois, os dois países se encontram em situações bem distintas. A renda per capita polonesa, que em 1990 era 10% menor do que a ucraniana, hoje é maior[iv]. Bem maior. Mais que o triplo, para ser preciso. Se a renda dos primeiros já se equipara a de Portugal, a dos vizinhos é inferior a de países africanos como a Namíbia ou Suazilândia. O índice de desenvolvimento ucraniano hoje é inferior ao do Brasil e Equador, enquanto o da Polônia se tornou um dos 35 melhores do mundo, comparável ao de países como Chipre e Itália[v].

O aumento das diferenças entre os dois vai além do

"

campo econômico. Em território polonês ocorrem por ano menos de 1 homicídio para cada 100 mil habitantes, já a Ucrânia tem uma taxa quase 8 vezes maior. Enquanto os maiores conflitos ocorridos na Polônia são causados pelas multidões histéricas durante as promoções da rede de supermercados *Biedronka*, a Ucrânia é palco de uma guerra civil que já resultou em 13 mil mortos.

Uma guerra criada pelas gigantescas divisões étnicas e religiosas existentes. E nisso também é interessante ver como os dois vizinhos, embora tão próximos, não poderiam ser mais distintos. Na Ucrânia, mais de um quinto da população não é ucraniana, um terço não fala a mesma língua do resto[vi] e no campo religioso as três denominações do cristianismo ortodoxo que existem no país se digladiam por território e fiéis. Na Polônia, 97% dos habitantes se declaram polacos, 98% falam como o primeiro idioma o polonês e 92.8% professam a religião católica romana[vii]. Não é de se surpreender que a ideia de união que tanto serve para estes, é quase inexistente naqueles.

A unidade do povo polaco, o apreço pela sua história, o resguardo de sua fé e as manifestações de suas tradições construíram a nação que observamos hoje. E ainda que as escolhas e decisões feitas no ano de 1989 tenham sido fundamentais para que a Polônia seja o que é (e não uma Ucrânia), as lições que este país pode nos dar começam bem antes. Séculos antes, chegando até hoje.

Embora o subtítulo desta obra talvez possa dar a entender o contrário, neste livro não há regras prontas (até porquê estas geralmente tem pouca eficácia, e quando o têm, são destrutivas), mas sim apresentarei parte de minhas observações nestes anos, onde vivendo entre os polacos, procurei aprender sobre as origens da nação, bem como seu *ethos* e seu *oikos*. *Ethos*, que oriundo do grego antigo ἔθος significa o lugar onde algo habita, seu caráter, princípios e valores fundamentais. O segundo, também de origem grega, significa a unidade básica da sociedade, o que para Aristóteles era todos que viviam sob um mesmo teto.

No momento em que escrevo estas páginas, o Brasil se reconstrói de uma devastação cultural, econômica, social e moral. Devastação causada por consecutivos governos antipatrióticos (ainda que diferindo nas aparências, como o fabiano PSDB e o bolivarianismo Lulista) e contrários aos próprios valores que durante séculos construíram nossa nação e toda a civilização ocidental.

Aqueles que caminharam por estas ruas levaram importantes lições de volta aos seus conterrâneos, algo que espero fazer neste livro. As decisões que nós, brasileiros, tomaremos neste momento decidirão se seguiremos o caminho polonês ou ucraniano. Decisões que não tangem somente àqueles que governam, mas também ao cidadão comum em seu trabalho, comunidade e (principalmente) em como educa os seus filhos. Tais escolhas definirão se em 30 anos seremos um bastião de valores, uma sociedade funcional e uma nação em sua plenitude, ou um país desolado por divisões e presa fácil de forças externas.

E que Deus nos ajude.

CAPÍTULO I – EVENTOS QUE MOLDAM O CARÁTER NACIONAL

Janeiro de 1945, Litzmannstadt

A pequena Edviges, com apenas 6 anos, se escondia no porão de casa com a sua mãe. A cidade onde morava antes se chamava Łódź, mas logo quando ela nasceu, o lugar foi renomeado pelos invasores alemães. Seu pai foi sequestrado e deportado para campos de trabalho forçado. Durante os últimos anos, a mãe dela trabalhava dia e noite, em silêncio e com vista baixa, nas fábricas locais. Era melhor ser produtível, porém invisível, e assim sobreviver.

De fato, na mira dos alemães entraram muitos dos residentes de Łódź: somente em 2 dias, logo após a invasão, executaram cerca de 1500 sacerdotes, eruditos e oficiais de governo na floresta de Lućmierz[viii]. E os extermínios continuaram ao longo da ocupação: engenheiros, escritores, padres, poetas e políticos se tornavam vítimas do processo de *Intelligenzaktion*, que era a ideia germânica de eliminar os pensadores, mas manter os braços trabalhando. Por isso os operários foram, em sua maioria, poupados. A população da cidade foi reduzida durante a guerra de 672 mil para menos de 497 mil habitantes[ix].

Porém, na virada de ano de 1944 para 45, os soldados de Hitler bateram em retirada (não sem antes assassinar um sem-número de prisioneiros que mantinham no gueto de Litzmannstadt e na cadeia de Radogoszcz, da qual o avô de Edviges escapou por pouco) temendo o avanço das forças soviéticas.

Os soviéticos não fizeram muito para evitar o massacre e a total destruição que aconteceu em Varsóvia alguns meses antes. E pior: chegavam relatos de toda parte da selvageria que se sucedia após aquilo que os comunistas chavam de "libertação da ocupação alemã".

Se os alemães haviam criado uma eficiente máquina de terror e a operavam com uma precisão prussiana para humilhar e subjugar as populações dos territórios ocupados, os soviéticos assustavam pela bestialidade de seus atos e pela imprevisibilidade de seu comportamento *quasi*-animalesco. Um dos hobbies favoritos dos soldados soviéticos era, depois de embriagarem-se em vodca, treinar tiro ao alvo nos civis inocentes que passavam pela rua. Depois de afinarem a mira, partiam para outros lazeres igualmente sinistros.

Com o exército vermelho chegando, as mulheres eram as primeiras vítimas. Os tais "libertadores" comunistas resultaram na maior onda de estupros da história. Em uma cidade próxima, com pouco mais de 1000 habitantes, ocorreram 268 casos, com vítimas entre 9 a 80 anos, algumas violadas ao mesmo tempo por dezenas de soldados[x]. Esse comportamento grotesco era comum em todo lugar onde o exército soviético chegava, em toda a Europa. Quando um escritor Iugoslavo reclamou disto para Josef Stálin, o líder da União Soviética, sua infame resposta foi:

Você deveria compreender que um soldado que cruzou milhares de quilômetros através de sangue, fogo e morte, tenha um pouco de diversão com uma mulher.[xi]

E assim, por semanas, Edviges e sua mãe se esconderam no porão até que as devassidões do exército vermelho diminuíssem e eles pudessem retornar à vida normal, naquele país que agora se encontrava completamente arrasado.

Julho de 2019, Lodz

É um almoço de família. O cheiro de *pierogi* e *bigos* se espalha pela sala decorada com flores artificiais, toalhas rendadas e um poster do papa João Paulo II. Um senhor fuma sentado na poltrona, assistindo à retrospectiva da copa do mundo de salto em esqui, o esporte nacional. Edviges irá receber em sua casa a filha e seus 3 netos.

O mais novo começa em breve o ensino médio, onde irá aprender seu terceiro idioma e se preparar para uma possível carreira de veterinário. O segundo já terminou a universidade e agora trabalha em uma multinacional japonesa (que escolheu a Polônia como uma de suas centrais europeias graças à mão de obra qualificada e excelente infraestrutura de comunicações) na área de tecnologia. A mais velha dos 3 netinhos trabalha em um banco americano de investimentos localizado na capital do país, já casada com um estrangeiro que ela conheceu em um trem, onde ele estava a perguntar sobre como chegar ao centro da cidade. Ele, por sinal, também estará presente no almoço.

O risco de ser baleado e os gritos por socorro já não fazem parte da memória da maioria das pessoas na sala. Exceto para Edviges e seu marido, que nunca esquecerão dos horrores da guerra, e para esse estrangeiro, que veio para a Polônia buscar a paz que não encontrava em seu país. E é ele que a vós escreve.

Por quê deveríamos aprender algo com os polacos?

Nosso país, gigante pela própria natureza, também é conhecido pelos seus *voos de galinha*. Aqueles curtos períodos de grande crescimento, onde o povo se enche de esperança, e a mídia brada "esse é o país do futuro!", ao qual sucedem crises, muitas delas auto-infligidas, que substituem a empolgação inicial por expressões como "É, esse país não tem jeito mesmo".

A história da Polônia também é permeada por alguns saltos galináceos, embora as crises sejam menos fruto de sabotagem interna como no Brasil, e mais de agressões externas daqueles que sempre querem uma fatia dos solos férteis ou dos recursos minerais que lá se encontram.

Em que ambos os países realmente diferem é a maneira como encaram esses períodos de reconstrução que vêm após cada guerra, colapso econômico ou cataclisma. É no contraste dessas diferenças, do que cada um preserva ou muda após ir a nocaute, que eu busquei lições pertinentes a nossa Ilha de Vera Cruz[xii].

Por quê tanto desejo de invadir esse lugar?

Os assaltos nazista e soviético não foram os únicos na história da Polônia, embora tenham sido os mais recentes. De fato, é difícil imaginar um país na Europa que mais vezes tenha sofrido agressões externas, e os motivos destas são os mais variados, mas nesse primeiro momento falarei das razões naturais para algumas dessas invasões.

O território do país situa-se no centro de uma grande planície, que estende-se da Rússia até a Alemanha, e carece, de leste a oeste, das defesas naturais que fazem lugares como a Suíça serem quase impenetráveis. Essa condição natural é o primeiro motivo que atrai tantos invasores.

O segundo é, de certa forma, consequência do primeiro, que são as características do solo. O solo polonês (bem como de sua vizinha Ucrânia) é fértil e adequado para o cultivo de grãos. O sul do país, próximo à cordilheira dos Cárpatos, é riquíssimo em minerais e jazidas de combustível fóssil que por anos moveram os impérios Austro-Húngaro e Alemão.

O terceiro motivo natural é também geográfico. É um país localizado no centro da Europa, historicamente situado entre grandes potências como o Império Russo ou a Prússia, e que dado as limitações impostas pelas montanhas em outras regiões, se torna quase uma passagem obrigatória para aqueles que queiram ir de Berlim a Moscou, ou do Mar Báltico à Viena.

Foram essas condições naturais que levaram a primeira grande invasão sofrida.

Um batismo, a Invasão Mongol e a morte de Henrique, o piedoso.

A história polonesa começa oficialmente em 966 com o batizado do líder tribal Miecislau I[xiii], que por influência de sua mulher, converteu-se ao catolicismo. Após o batismo dele e de sua corte, seguiu-se uma conversão em massa que unificou o país e resolveu o problema dos conflitos entre os vários cultos pagãos existentes. Com a benção do Papa, os outros impérios católicos da Europa reconheceram a nova nação e assim o filho de Miecislau, Boleslau, recebeu o título de primeiro rei da Polônia.

A primeira grande invasão veio 300 anos depois, quando os mongóis, liderados pelo neto de Gengis Khan, Baidar, expandiram seus domínios da China até o centro europeu. Os invasores, cuja velocidade de manobra no campo de batalha graças aos seus cavalos e arqueiros-montados, arrasaram exércitos por onde passaram, derrotando muitas das maiores forças militares da época. Inclusive conseguiram algo que tanto Hitler quanto Napoleão tentaram, mas fracassaram: conquistar Moscou. Apenas 2 nações em toda a história o fizeram, e a outra foi a Polônia quase 400 anos depois.

Em menos de 4 anos (1237 até 1241), os mongóis capturaram terras que hoje são parte da Rússia, Ucrânia, Croácia, Áustria, Bulgária e escolheram a Hungria como seu próximo destino. Conscientes de que para chegar a Hungria, primeiro precisavam invadir a Polônia, outro neto de Gengis Khan, Orda[xiv], foi enviado para tal. O duque (título apenas abaixo do rei e do príncipe) da Polônia, Henrique II, conhecido como *O Piedoso*, esperava o reforço de tropas de nações vizinhas como o império Germânico e o império Húngaro. No entanto, em um tipo de traição que irá acontecer várias outras vezes na história da Polônia, estes reforços nunca chegaram.

O duque, não podendo mais esperar, levou suas tropas ao campo de batalha, liderando-as pessoalmente e lutando bravamente até a sua morte e decapitação. Apesar da derrota, conseguiram infligir grandes perdas aos mongóis e desaceleraram a expansão inimiga naquele momento[xv]. Henrique II, que foi considerado também um exemplar governante, tornou-se um dos primeiros dos muitos mártires da nação. Em 2017 foi iniciado o seu processo de canonização após carta do bispo de Legnica.

O dilúvio sueco-russo e a grande vitória contra os otomanos

Após as invasões mongóis, a Polônia uniu-se a Lituânia e formou a *Commonwealth* das duas nações. Esse estado foi durante séculos uma das grandes potências europeias e inclusive, como citado anteriormente, foi um dos 2 únicos exércitos na história que conquistaram Moscou (em 1610). Porém a expansão para territórios tão vastos e povos tão diferentes criou hostilidades que resultaram em múltiplas revoltas nas décadas seguintes, como o levante cossaco de 1648. As revoltas foram suprimidas, mas os enormes gastos financeiros e humanos deixaram o país fragilizado, e em 1654/55 os vizinhos suecos e russos aproveitaram o momento para lançar uma arrasadora invasão do país por múltiplos *fronts*. A dimensão dessa invasão foi tão grande que é conhecida pelo nome de *Potop*, que significa dilúvio em polonês. Os polacos conseguiram expulsar os invasores completamente e em 1660, após derrotarem os russos na batalha de Polonka sofrendo apenas 300 baixas (contra 4200 dos inimigos[xvi]), o dilúvio terminou.

Em 2012 foi divulgado um estudo que concluiu que durante o dilúvio sueco-russo, foram completamente arrasadas 188 cidades, 89 palácios, 81 castelos e 136 igrejas, e a população polonesa foi reduzida em 40%. [xvii].

Mas não passaram 30 anos e uma nova ameaça surgiu, dessa vez vinda do oriente. O Império Otomano, motivado tanto por razões econômicas - expansão e coleta de tributos - quanto religiosas, pois ao deter o título de califado, o império promovia o islamismo em seus territórios[xviii] e buscava que o mundo se subjugasse, como manda os livros do Islão[xix]

Viena era uma das cidades mais importantes da Europa e capital do Sacro Império Romano-Germânico. Era também muito cobiçada pelos otomanos, que já haviam tentado, sem sucesso, conquistá-la em 1529. Então em 1683, sob comando do vizir Kara Mustafa Pasha, um exército de 170 mil homens marchou rumo à capital do império germânico, capturando no caminho a cidade de Gyor[xx]. Quando informados sobre a avassaladora força do califado, o imperador Leopoldo, ao invés de defender seu reino, decidiu fugir, bem como outro aliado, o duque de Lorraine, que bateu em retirada levando todas as suas tropas[xxi].

A única defesa da cidade eram então os 15 mil homens do conde Ernst Rüdiger von Starhemberg. Havia ainda um aliado improvável de Leopoldo que estava a caminho: O rei polonês João Sobieski III 10 anos antes (na época apenas um general) já havia imposto uma derrota vexaminosa ao califado na batalha de Chocim. Desta vez, com um exército numericamente inferior aos otomanos, ocasionou a estes 20 mil baixas enquanto suas fileiras perderam apenas 2 mil soldados[xxii]. Graças a popularidade dessa vitória que Sobieski foi eleito rei (sim, os polacos elegiam seus reis, falaremos disso mais adiante).

Sobieski trazia com ele 27 mil homens e 28 canhões. Simultânea a chegada dos poloneses, também vieram reforços alemães, mas a soma de todas as forças de defesa, 90 mil homens, ainda eram pouco mais da metade do imenso exército otomano.[xxiii]. Kara Mustafa Pasha ordenou que seus soldados atacassem a cidade as 4 da manhã do dia 12 de setembro de 1683, antes que os reforços poloneses e alemães pudessem chegar para defender Vienna.

Os 15 mil austríacos sob comando de Ernst Rüdiger von Starhemberg defendiam Vienna pelo norte, e os reforços alemães já chegavam pelo noroeste. Às 16:00, finalmente os poloneses começaram seu ataque pelo oeste, porém apenas com uma pequena parte de suas forças. Quando a cavalaria polonesa emergiu das florestas do monte Kahlenberg, o vizir Mustafa Pasha ordenou que seus soldados deixassem de atacar a cidade e passassem a se defender. Foi quando o rei Sobieski, as 18:00, ordenou que toda sua cavalaria e aliados atacassem frontalmente as forças otomanas. Liderados pelo rei em pessoa, acompanhado de 3 mil lanceiros de elite (os hussares alados) e mais 15 mil cavaleiros, esse foi o maior ataque montado da história e aniquilou as forças do califado[xxiv].

A humilhação imposta aos otomanos foi tão grande que o califa ordenou a execução de Kara Mustafa Pasha em dezembro daquele mesmo ano. Sobieski e seus soldados evitaram que a capital do maior império europeu à época se transformasse em mais uma conquista do califado, e o Papa Inocêncio XI deu ao rei polonês o título de *Defensor da Fé*[xxv]. A figura do rei-general e a vitória em Viena foram tão influentes na formação do espírito polonês que falaremos mais a respeito em capítulos posteriores.

Partições: Um país desaparece, mas a nação permanece.

Alguns poderiam chamar de ironia que a mesma cidade que foi salva pelos poloneses, menos de 100 anos depois, seria palco de um pacto que iniciou a destruição da Polônia, e cujos signatários foram algumas das coroas antes socorridas pelo rei Sobieski.

Em fevereiro de 1772, na cidade de Viena, russos, prussianos e austríacos assinaram um documento que selava a perda de 30% do território polonês. Isso só foi possível porquê 6 meses antes, os 3 países, em uma ação conjunta, invadiram a Polônia, que na época já vinha enfraquecida devido a um conflito armado interno chamado "a confederação de bar". Esse conflito foi originado pela influência da imperatriz russa sobre os assuntos internos poloneses. E essa influência era, em partes, devido ao fato que a imperatriz foi amante do rei polaco, August Poniatowski.

A *Commonwealth* polaco-lituana, antes um dos estados mais vigorosos da Europa, não resistiu a invasão de três grandes impérios ao mesmo tempo. Se a primeira partição já foi cruel, resultando na perda de quase um terço do território e de cidades como Przemyśl, Lviv e Bydgoszcz, ela não foi a última. Em 1793, os russos e prussos tomaram outros 42% do território polonês. E em 1795 veio o golpe derradeiro: Rússia e Prússia anexaram mais 120 e 48 mil km2 de território, com a Áustria anexando outros 47 mil km2[xxvi].

Dessa forma, a Polônia desaparecia do mapa. Grande ironia que os mesmos germânicos que quase foram subjugados pelos otomanos, sendo salvos na última hora pelo rei Sobieski, no século seguinte tomaram as terras dos netos daqueles que os salvaram. Um exemplo sórdido de ingratitude,

Durante os próximos 123 anos a Polônia não existira nos mapas. Porém, ao passo que desaparecia um país, mantinha-se a pátria.

O dia em que a Europa foi salva das garras de Trotsky

Com a derrota do Império Alemão e Austro-Húngaro na Primeira Guerra Mundial e o colapso do Império Russo na revolução bolchevique de 1917, as 3 forças que haviam partilhado a Polônia em 1795 foram extintas. Assim em 11 de Novembro 1918 o país voltou a existir e até hoje é nessa data que celebram a independência nacional. Pela ocasião, o Papa Bento XV comentou:

"A história escreveu um capítulo dourado sobre os méritos da Polônia para com a religião cristã e a civilização européia, mas, infelizmente, também teve que escrever como a Europa a retribuiu de maneira vil. Desde que tomou, pela força, a personalidade política polonesa e tentou destruir sua fé católica e nacionalidade em algumas partes. Mas os poloneses con-

seguiram manter ambos, com persistência que vale a pena admirar e atualmente, tendo suportado as perseguições que duraram por mais de um século, a Polônia, sempre fiel - Polonia simper fidei - está mostrando maior vitalidade do que nunca..."[xxvii]

Mas se alegria de pobre dura pouco, a alegria dos polacos durou menos ainda. Três meses e 3 dias após a independência, em 14 de fevereiro de 1919, o novo país entrava em conflito contra um inimigo também recente, mas incrivelmente agressivo: o exército vermelho, liderado por Trotsky e com a intenção de propagar a revolução comunista por toda a Europa.

As forças comunistas já haviam tomado grande parte da Ucrânia, Bielorrúsia e Lituânia e atacaram a fronteira oriental da Polônia, cujo chefe de estado na época era o marechal Jozef Pilsudski, um militar que subiu ao governo após vitórias nas batalhas pela independência.

As forças de Pilsudski repeliram os primeiros ataques e os soviéticos ofereceram um acordo de paz. Porém, matemáticos da Universidade de Varsóvia e da Universidade de Lviv haviam decifrado os códigos de comunicação interna dos comunistas e descobriram que o acordo oferecido era falso, sendo apenas uma maneira de eles ganharem tempo para um novo ataque[xxviii].

Pilsudski decidiu ignorar a falsa proposta bolchevique, e forjar uma aliança com o líder ucraniano Symon Petliura, que adicionou 35 mil soldados ao contingente que se preparava para repelir a iminente agressão soviética[xxix]. Os exércitos poloneses e ucranianos alcançaram algumas vitórias iniciais, mas em 1920, com a redução dos conflitos internos, os comunistas puderam mobilizar praticamente todas as suas forças para um grande e devastador ataque, que seria capaz de ganhar a guerra rapidamente.

Em abril de 1920 os exércitos de Trotsky já haviam mobilizado a incrível quantidade de 757 mil combatentes[xxx], e em agosto de 1920 já estavam nos arredores de Varsóvia (apesar de terem sofrido um considerável número de baixas no caminho). A derrota polonesa parecia iminente. Em 5 de agosto de 1920, o Papa Bento XV conclamou todos os bispos do mundo a rezarem pela misericórdia divina para com a desafortunada Polônia.

Foi então que em 12 de agosto de 1920, iniciou-se a batalha que até hoje é chamada pelos poloneses de *Cudem nad Wisłą*, ou "O milagre do rio Vístula". Foi quando o exército polaco atacou um inimigo que até então era a máquina de guerra mais poderosa, numerosa e desumana do mundo[xxxi].

O exército vermelho, em poucos dias de batalha, avançou até Izabelin, ao norte de Varsóvia, derrotando facilmente a resistência polonesa que encontrou. Porém, isso era apenas uma armadilha preparada por Pilsudski. O líder do exército polaco reservou a maior parte de suas forças ao sul, deixando apenas uma quantia simbólica de homens para enfrentar os soviéticos ao norte. A aparente falta de defesa do norte da cidade estimulou os bolcheviques a moverem a maioria de suas forças naquela direção, ficando ao sul apenas o agrupamento *Mozyr*.

No dia 14 de agosto, o marechal polonês colocou em prática a próxima parte de sua arapuca e atacou os russos pelo sul, cortando a comunicação do exército comunista com as forças que na época estavam em Lviv. O combate durou até o dia 15 de agosto e destruiu uma das vilas da região. No dia seguinte, o exército polonês retomou o norte da capital. A essa vitória se seguiram várias outras, e já na noite do dia 16, os poloneses haviam retomado até a cidade de Włodawa. Os grupos de assalto recuperaram 70 quilômetros em 36 horas, e a velocidade das vitórias impressionou até mesmo Pilsudski.

Em 18 de agosto de 1920, o comandante soviético Mikhail Tukhachevsky (chamado também de *Napoleão Vermelho*), percebendo a dimensão de sua derrota, ordenou a retirada.

A vitória dos poloneses sobre os soviéticos naquela ocasião evitou que a revolução comunista, que já havia subjugado a maior parte do leste europeu, continuasse a se espalhar pelo velho continente.

Sobre essa vitória, o Papa João Paulo II comentou:

"Eu nasci em 1920, em maio, quando os bolcheviques marcharam em direção a Varsóvia. E é por isso que desde o meu nascimento tenho carregado a grande dívida para com aqueles que morreram lutando contra o agressor e que venceram, dando a vida pelo seu país [...]. Em 1920, o comunismo parecia muito forte e perigoso. Já em 1920, parecia que os comunistas conquistariam a Polônia e marchariam para a Europa Ocidental, para conquistar o mundo. Mas isso não aconteceu. O Milagre no Vístula - a vitória do Marechal Pilsudski na batalha contra o Exército Vermelho - interrompeu as tentativas dos soviéticos."

A invasão nazi-soviética e o levante de Varsóvia

Entre 1921 e 1939, os poloneses experimentaram um período de relativa paz. Relativa, pois tal como nós brasileiros sabemos bem, a reconstrução de um país às vezes passa por turbulências internas como golpes de estado e ferrenhas disputas partidárias. Na segunda metade desse período, ainda que governada por civis, o poder era majoritariamente exercido por uma cúpula militar. E essa cúpula fez o que pode para preparar o país contra futuras ameaças estrangeiras.

É um mito a ideia de que a Polônia foi pega despreparada pela Alemanha em 1939. Já na década anterior haviam assinado alianças militares com a França, Romênia e Reino Unido, para em caso de ataque contra alguns dos signatários, os outros partissem em ajuda imediata[xxxii]. O governo polonês na década de 30 desenvolveu o avião de caça mais moderno do planeta, o P11 feito pela empresa PZL. Em 1939 as forças armadas eram compostas de 283 mil homens na ativa e 700 mil na reserva.

Infelizmente a economia polonesa era muito menor do que a alemã, e desse modo também eram os recursos com finalidade militar. Um exemplo é que em 1939 os poloneses tinham 390 aviões de combate, enquanto os alemães tinham 2800[xxxiii]. O orçamento de todas as forças armadas da Polônia de 1934 até 1939 correspondia a apenas alguns meses do orçamento da força aérea alemã, a *Luftwaffe*. No entanto, dentro de suas possibilidades econômicas, os polacos colocaram todos os esforços possíveis na preparação para a guerra que viria.[xxxiv].

E o conflito veio. Em 1ª de setembro de 1939 os alemães atacaram a cidade de Gdansk, dando os primeiros tiros da II guerra mundial. E essa primeira batalha já mostrou que os poloneses iriam resistir até o último cartucho. Os 3400 soldados do navio *Schleswig-Holstein* investiram com força total contra os pouco mais de 200 poloneses que defendiam a península de Westerplatte[xxxv]. O general alemão Eberhardt acreditava que apenas algumas horas bastariam para conquistar o local[xxxvi]. Porém, apesar de enfrentarem uma força 16 vezes maior, os poloneses resistiram durante 7 dias e ocasionaram pesadas baixas ao inimigo.

Os franceses e britânicos, que por força do acordo de defessa mútua assinado com a Polônia, deveriam vir em ajuda do aliado, não vieram. Mesmo assim os Poloneses resistiram e, ainda que com um exército muito inferior, fizeram os alemães pagarem por cada centímetro que conquistassem. De fato, a resistência polonesa obrigou Hitler a deslocar mais de 50 de suas 82 divisões para o combate, deixando a Alemanha praticamente desprotegida. Se os Franceses (que possuíam o maior exército europeu) cumprissem a parte deles naquela ocasião e atacassem a Alemanha, talvez a história da II guerra tivesse sido diferente[xxxvii].

Embora numericamente e economicamente inferiores, os poloneses reagiram ao ataque de Hitler de maneira formidável. Porém no dia 17 de setembro de 1939, pouco mais de 2 semanas depois do ataque alemão, foi a vez dos soviéticos atacarem. O ataque conjunto não foi uma coincidência, dado o pacto Molotov-Ribbentrop feito entre comunistas e nazistas. Atacada em ambos lados por duas das maiores potências da época, a resistência caiu em aproximadamente 1 mês. Para ter uma ideia de como os eles resistiram bravamente, Hitler avançou mais rápido na França (que tinha na época o maior exército da Europa) do que na Polônia.

Mas a derrota em 1939 não foi um ponto final. Muitos dos combatentes poloneses que sobreviveram se reagruparam na França e no Reino Unido. Neste último, os pilotos polacos refugiados formaram a divisão 303, que foi a mais bem sucedida divisão de combate aéreo da RAF (força aérea britânica) na guerra[xxxviii]. Não era só fora da Polônia que eles lutavam. Mesmo com seu território dominado pelos nazistas, os poloneses organizaram o maior movimento de resistência na Europa.[xxxix]. E em 1944 coordenaram o maior levante civíl de todo o conflito.

Em 1 de agosto daquele ano, as 17:00, as sirenes de Varsóvia soaram em uníssono. A população iniciou a revolta que estava sendo planejada há tempos. Cansados das humilhações e agressões alemãs e esperançosos com a possibilidade de assistência dos aliados (apesar de a guerra ter se iniciado com uma traição destes, como dito anteriormente), os moradores de Varsóvia pegaram em armas. Os vários grupos de resistência se uniram sob um único nome: a *Armia Krajowa* (AK), cujo símbolo pode ser visto até hoje escrito em monumentos e camisetas. E durante os primeiros dias, com improvável sucesso, conquistaram importantes distritos da cidade, como *Wola*, capturando inclusive blindados da 5a divisão *Panzer* da SS.

A ideia inicial era que o levante durasse alguns dias, até que os aliados pudessem vir e derrotar uma Alemanha já enfraquecida. No entanto, estacionados do outro lado do rio Vístula, o comando soviético decidiu não seguir com o ataque aos alemães[xl] e deixar que estes se cansassem esmagando a revolta polaca. Os relatos dos combatentes do levante de Varsóvia estão entre os mais sinistros que eu pude ler e escutar sobre campanhas militares. Vão desde dias gastos caminhando, para garantir a comunicação entre os focos de resistência, por túneis de esgoto com dejetos humanos até a cintura, até a morte por sede e fome em uma cidade com o abastecimento cortado e onde soldados já haviam comido seus animais de estimação[xli].

Sem munição, água e suprimentos, e lutando por 63 dias uma batalha que era prevista para durar menos de uma semana, o levante terminou em 2 de outubro de 1944. Após a capitulação, as execuções continuaram e sob as ordens de Hitler, Varsóvia foi arrasada. Um dos mais cruéis executores era o ucraniano Petro Dyachenko, comandante do 31. *Schutzmannschafts-Bataillon der SD*, que 24 anos antes havia recebido asilo político na Polônia após o seu país natal ser invadido pelos comunistas. Antes um oficial do exército polonês, durante a guerra ele trocou de lado e passou a servir os nazistas, retribuindo com massacres o país que lhe deu asilo. E por algum motivo que me foge o entendimento, Petro Dyachenko é considerado um herói na Ucrânia.

Todos os anos, no dia e na hora em que o levante começou (01 de agosto as 17:00), as sirenes de Varsóvia soam novamente, e todas as pessoas, transportes e atividades param durante um minuto em memória aos bravos e jovens combatentes que perderam suas vidas na luta pela liberdade. É uma cena que eu falho em descrever com palavras, tamanha a simbologia e carga emocional. O Levante de Varsóvia é um dos eventos que mais contribuíram para a formação do espírito polonês, e mais adiante ainda escreverei sobre sua simbologia.

O terror stalinista

Já em 1939 a Polônia começou a sentir a violência de Stálin e seus asseclas, quando a invadiram em conjunto com os nazistas. E os soviéticos, nas regiões que dominaram, cometeram alguns massacres comparáveis aos dos alemães. O mais famoso dele é o de Katyn, ocorrido em 1940, onde vinte e dois mil médicos, engenheiros, professores, militares de alta patente e até mesmo um príncipe foram presos e levados até uma floresta, executados e enterrados em valas comuns. A ideia dos soviéticos era a de exterminar a classe pensante polaca e transformá-los em uma fonte de trabalhadores braçais.

Ao contrário dos alemães, os soviéticos escondiam muito bem suas atrocidades. O massacre citado acima foi atribuído falsamente aos nazistas pelo aparato de propaganda comunista, e somente em 1990, pouco antes de sua dissolução, a União Soviética admitiu a autoria desta carnificina. A vinda dos soldados comunistas após a retirada dos nazistas não trouxe muito alívio. A inacreditável onda de estupros e violência cometida pelos soldados bolcheviques e o confisco de 20% do território polonês (incluindo cidades como Lviv) foi seguido do terror pós-guerra imposto por Stálin.

O ditador soviético criou um aparato de repressão que o que tinha de violento, tinha de numeroso. O *Urząd Bezpieczeństwa* (UB), escritório responsável por vigiar os cidadãos e denunciar aqueles que se opusessem ao regime, contava com 32 mil agentes em 1953. Isso equivale a um agente para cada 800 habitantes[xlii]. Qualquer palavra dita contra a União Soviética, Josef Stálin ou o partido comunista poderia colocar a pessoa na cadeia, sob pesada tortura, ou pior.

Apenas em outubro de 1950, 5 mil pessoas foram presas pela UB. Em 1952, 21 mil cidadãos, e em meados de 1952, já eram cerca de 49.5 mil o total de presos políticos[xliii]. A constante vigilância gerou paranóia na população. O nível de censura soviético era tão absurdo que a obra *Dziady*, de Adam Mickiewicz, foi vetada por conter mensagens anti-soviéticas. Porém tal obra-prima do romantismo europeu foi escrita em 1824, quase 100 anos antes da União Soviética existir. Alguns dos efeitos negativos dessa repressão ilógica e insuportável podem ser sentidos até hoje, e muito falaremos a respeito destas sequelas neste livro.

No começo, entre os anos 40 e 50, as reformas que nacionalizaram a propriedade privada, com base no princípio de igualdade, tiveram grande apoio popular[xliv]. Mas como em todo lugar onde foi aplicado a divisão do patrimônio alheio, a popularidade dura enquanto houver dinheiro para ser confiscado. E em 12 de dezembro de 1970, já sem condições de manter o sistema de tabelamento de preços artificialmente baixos que mantinham o povo satisfeito, o governo teve de reajustar o custo dos alimentos. E o momento escolhido não poderia ser pior: pouco antes do natal, que é quando os polacos mais compram comida devido à tradição dos *12 pratos* na ceia.[xlv].

Esse aumento de preços gerou os protestos mais violentos até então. E o governo reprimiu com a mão de ferro típica dos estados comunistas: mais de 1000 pessoas saíram feridas, e 42 cidadãos foram mortos. Uma das cenas que chocou o mundo foi a do corpo do jovem Zbigniew Godlewski sendo carregado pelas ruas. A cúpula do governo renunciou após os protestos, e os novos governantes, chefiados por Edward Gierek, negociaram com bancos ocidentais vultuosos empréstimos que deram uma sobrevida ao regime.

A conta dos empréstimos chegou, e em Julho de 1980, a Polônia mergulhava em mais uma crise econômica e de abastecimento, que forçou o governo a aumentar os preços. Novamente a população foi às ruas contra o controle do estado comunista. Soma-se a isso a eleição do Papa polonês João Paulo II, ocorrida pouco antes e que em 1979 fez uma corajosa visita ao seu país natal, encorajando o povo a não ter medo e criar uma alternativa ao regime que os humilhava. Essa é somente uma das várias ações de resistência anti-comunista desempenhadas pela igreja católica na Polônia, que serão detalhadas posteriormente.

Com os protestos de 1980 e com o apoio do Papa, nascia o movimento "Solidariedade", fundado por trabalhadores de Gdansk insatisfeitos com o regime socialista. Quase um terço do país se juntou ao novo movimento, ao mesmo tempo que centenas de milhares de trabalhadores, em sua maioria jovens, abandonavam o partido comunista[xlvi]. Gierek caiu, e pouco tempo depois assumiu o general Wojciech Jaruzelski, que declarou lei marcial e com mão pesada reprimiu o "Solidariedade". Um militar liderando um governo comunista e reprimindo com violência aqueles que se opunham ao socialismo é um dos motivos que fazem o polonês ter uma visão distinta de *regime militar* da que temos no Brasil.

Com o colapso econômico da União Soviética e Gorbachev colocando em prática reformas liberalizantes, terminou (ao menos oficialmente) o comunismo na URSS e na Polônia. Nas primeiras eleições, em 1989, o *Solidariedade* conquistou 99 das 100 cadeiras disponíveis no senado. O destrutivo governo comunista saiu do poder e deixou uma nação empobrecida, com 251% de inflação anual e 1731 dólares de renda per capita ao ano (o Brasil na mesma época tinha quase o dobro, US $3093/ano)[xlvii].

Antifragilidade – A Europa se tornou uma criança de condomínio.

Quando nos exercitamos em uma academia ou em um parque, causamos um certo estresse físico em nosso corpo. Com o devido tempo de recuperação, nossos sistemas sobrecompensam o dano causado, e assim os músculos se tornam mais fortes, os ossos mais densos, a capacidade respiratória mais eficiente. Efeito semelhante é causado por algumas vacinas: uma dose (neutralizada) de vírus é inoculada na pessoa, e o sistema imunológico adquire resistência contra aquela doença.

Um dos maiores pensadores vivos, o escritor libanês Nassim Taleb, deu a essa característica o nome de *antifragilidade*, que é a capacidade de um sistema de se beneficiar de algum impacto. O escritor também trouxe esse conceito para o mundo das ciências econômicas e sociais. Uma sociedade que ao sofrer uma tensão, consegue emergir desta com características que a deixam ainda mais preparada para sobreviver pode ser considerada *antifrágil*. Já uma comunidade que é frágil é aquela que ao experimentar um choque, desaparece e dá lugar à próxima. Em um meio-termo entre os dois está aquilo que é chamado de *robusto*, que não desaparece igual à sociedade frágil, mas tampouco se torna ainda mais forte igual à antifrágil. Em seu livro *Antifrágil – Coisas que se beneficiam com o caos*, Taleb usa o exemplo da capital libanesa, Beirute como uma cidade antifrágil[xlviii].

Claro que falar em aspectos positivos de calamidades, guerras e invasões pode soar insensível e até mesmo hediondo, e nisto eu deixo claro que do ponto de vista humano, seria melhor que estes tormentos não acontecessem. Mas uma vez que aconteceram (e a nação continua a existir), a memória de seus heróis passa a formar o caráter das futuras gerações. Então podemos (e até devemos!), por respeito a esses mártires, reconhecer as melhorias que por eles foram inspiradas.

E enquanto alguns poderiam dizer que a Polônia se encaixa na definição de robusta, eu diria que ela vai além, e é *antifrágil*, na medida que instituições se aprimoraram e os grandes homens, ao lutarem contra inimigos de toda sorte, imprimiram na alma polonesa suas virtudes.

Tal qual choques musculares oriundos de exercícios nos tornam mais fortes, a ausência destes em um sistema pode torná-los mais frágil. Como a criança de condomínio fechado, que criada em um ambiente antiséptico, pode apresentar um sistema imunológico fragilizado pela falta de contato com bactérias que estimulariam suas defesas. E talvez esse seja o caso de muitas sociedades do ocidente, que imersas em um constante torpor causado pelo seu alto nível de desenvolvimento, prazeres e segurança, criaram gerações de jovens despreparados e desmotivados para defenderem sua própria pátria, comunidade ou até mesmo família.

Talvez a principal ideia deste livro é justamente essa: sabendo que a história brasileira tem uma profusão de crises e tormentas, e que os choques não cessarão tão cedo em terras tupiniquins, como podemos tornar o nosso país *antifrágil*, buscando referências em uma nação que resistiu a tantos impactos demolidores e reergueu-se de maneira formidável[xlix].

CAPÍTULO II – AQUELES QUE SERVEM DE EXEMPLO

Dois padres e um voluntário para Auschwitz

O que a vida de dois padres e um nobre podem ter em comum? No Brasil, a resposta pode ser de que todos eles foram demonizados nas cartilhas escolares de história, que ensinam que o clero e a nobreza oprimiam a população na idade média até que a revolução francesa *libertou* o povo[l]. Mas enquanto os professores na *Terra Brasilis* depreciam (e distorcem) a história, essa mesma pergunta na Polônia pode ser respondida de outra forma: todos os 3 padeceram pela pátria, lutando e sendo mortos pelos comunistas, em diferentes épocas e batalhas. Outra semelhança é que a lembrança de seus esforços é ensinada até hoje nos bancos escolares.

Em julho de 1920, o jovem Ignacy Skorupka, até então um sacerdote (e chefe escoteiro) querido pelas suas lições de religião, latim e grego, se voluntariou para servir como capelão do exército na guerra contra os bolcheviques. Inicialmente o bispo negou o pedido, mas em 8 de agosto de 1920, após recorrer da decisão, Skorupka foi aceito e se juntou ao (236ª) regimento de infantaria do exército voluntário[li].

Padres eram necessários no front de batalha não somente para sustentar a fé e dar ânimo, mas também para oferecer os ritos finais à aqueles gravemente feridos, em um exército onde praticamente todos os soldados eram católicos. Uma das versões da morte de Skorupka é que ele tombou enquanto concedia a extrema unção a um soldado gravemente ferido[lii]. Outra versão de sua morte, esta eternizada em um quadro feito a pedido do Papa Pio XI, é a de que o capelão foi morto em meio ao fogo cruzado, com um crucifixo em punho, encorajando os soldados a avançarem contra o inimigo durante a batalha de Varsóvia de 1920[liii]. Como explicado no capítulo anterior, esta batalha é conhecida como *Cudem nad Wisłą* (O milagre do rio Vístula). Eis que o milagre da vitória contra a máquina de guerra bolchevique teve o seu sacerdote-mártir.

Na mesma batalha onde Skorupka veio a cair, lutava um jovem soldado que anos mais tarde seria um dos maiores exemplos de bravura polonesa e hoje tem seu rosto estampado em camisetas[liv] e pintado em murais[lv]: Witold Pilecki. As semelhanças entre o soldado e o padre não param por ai: Tal qual Skorupka, Pilecki morou parte de sua vida na Rússia, foi um chefe-escoteiro e, quando os comunistas chegaram ao poder em Moscou, decidindo tomar o resto da Europa, ele se voluntariou para o front de batalha.

Pilecki sobreviveu à guerra de 1920. De família nobre, ele era um homem de posses e negócios, fundou uma cooperativa agrícola, uma escola de equitação e outros empreendimentos. Mas foi na carreira militar que se sobressaiu. Durante a invasão alemã em 1939, Pilecki e seus homens destruíram sete tanques e três aviões inimigos[lvi]. A Polônia capitulou após um mês de brava resistência contra a invasão nazista, porém Pilecki e seu superior não desistiram e fundaram o Exército Secreto Polonês (*Tajna Armia Polska*, TAP).

O primeiro plano da TAP, desenhado por Pilecki, era se infiltrar no campo de concentração de Auschwitz, reunir informações sobre o que os Alemães produziam e organizar uma resistência interna. Ele então arrumou documentos falsos e desrespeitou o toque de recolher imposto pelos nazistas, sendo preso e enviado para o temido campo da morte. Tudo como previsto em seu plano inicial. Apesar de contrair pneumonia, ele organizou uma resistência entre os prisioneiros do campo e uma estação de rádio clandestina que enviou valiosas informações para a inteligência aliada. Cumprida sua missão, o agora capitão e mais dois parceiros renderam um guarda durante a noite e escaparam do campo de extermínio.

Pilecki ainda lutou no levante de Varsóvia e novamente foi enviado para um campo de concentração (*Stalag VIII-B*), saindo apenas em 1945. Nesse mesmo ano, com o fim da guerra, ele retornou à Varsóvia e começou a informar ao mundo sobre as atrocidades que presenciou, tanto as cometidas pelos nazistas quanto pelos soviéticos que agora tinham o poder. O capitão foi descoberto e preso pelos comunistas, torturado e finalmente executado em 1948 na prisão de Mokotów (por sinal, ao lado do lugar onde escrevo as páginas deste livro). Antes de ser executado, disse que comparado ao que os comunistas fizeram com ele, Auschwitz era uma brincadeira de crianças[lvii]. O historiador Michael Schudrich, no livro *The Auschwitz Volunteer: Beyond Bravery*, escreveu que "*Quando Deus criou o ser humano, ele tinha em mente que todos nós deveríamos ser como o capitão Witold Pilecki*"[lviii]

Poucas décadas depois, no mesmo país de Skorupka e Pilecki, e ainda sob influência soviética, mais um jovem padre começou a tirar o sossego das autoridades marxistas. Jerzy Popiełuszko era um sacerdote de voz equilibrada e caráter firme. Os seus sermões – muitos deles compilados em um livro chamado *The Price of Love* - continham exortações pela verdade, salvação e liberdade e eram transmitidos por rádio para todo o país. A palavra *liberdade*, adicionada à grande amizade do jovem padre com o Papa João Paulo II, foi o bastante para preocupar a *Służba Bezpieczeństwa* (SB), a truculenta organização de segurança do governo socialista, responsável por perseguir aqueles que se opunham ao regime. Os sermões de Popieluszko não eram políticos, mas sim voltados à fé, porém o ato de dedicar orações aos perseguidos e à pátria enfurecia as autoridades.

O primeiro alerta foi dado com um tijolo contendo explosivos, atirado através da janela da casa do padre. Em 13 de outubro de 1984 a SB sabotou a direção de seu carro, esperando que ele morresse em um acidente automotivo, mas ele conseguiu escapar ileso. Poucos dias depois, notando que agentes da SB estavam vigiando-lhe no lado de fora de seu apartamento, Popieluszko pediu a um de seus amigos "eles devem estar congelando, por favor ofereça-lhes um café". Os agentes recusaram com irritação.

Seis dias depois, voltando à Varsóvia de uma missa que celebrou em uma cidadezinha próxima, o padre avistou alguns homens parados na beira da rodovia pedindo ajuda, dizendo que o carro deles estava quebrado. Popieluszko parou para ajudar, mas aqueles eram agentes da SB. Os homens espancaram o padre com tacos de madeira a ponto de quebrar o seu rosto. Em seguida o amarraram, o colocaram no carro e o levaram até uma ponte sobre o rio Vístula, onde ataram uma pedra aos seus pés e o arremessaram. Em 2010, Popieluszko foi beatificado pelo papa Bento XVI. O último sermão do padre, naquela cidadezinha, tinha o título de *"Vencer o mal pelo bem"*, e suas últimas palavras foram *"Acima de tudo, que estejamos livres do desejo de vingança e violência"*.

Santos e soldados

Os grandes conflitos nos quais participou - muitas vezes involuntariamente – e os vários levantes organizados contra os invasores deram à Polônia uma quantidade de homens que não somente são lembrados como heróis, mas também como santos pela igreja Católica.

Na revolta contra a ocupação russa em janeiro de 1863, um dos rebeldes era um jovem soldado de 18 anos, de família aristocrática. O seu nome era Albert Chmielowski. Ele sofreu uma amputação após uma explosão de granada durante combate, e depois do conflito decidiu dedicar-se a pintura, onde obteve grande sucesso. Porém, subitamente abandonou tudo e se tornou um frade. Frequentador do monastério de Czerna, no sul do país, ele fez amizade com outro religioso e ex-combatente do mesmo levante que Chmielowski lutou[lix]. Seu nome era Raphael Kalinowski.

Kalinowski foi um dos líderes do levante contra os russos, e criou uma regra que para a época era espantosa: ele não iria executar nenhum preso inimigo. Após os russos desmantelarem a rebelião, condenaram Kalinowski à morte, porém temendo transformá-lo em um mártir, trocaram a pena por um exílio na Sibéria. E ele deveria ir até lá a pé. Certamente esperavam que Kalinowski morresse na extenuante e gelada caminhada de 9 meses. Mas não somente ele sobreviveu como se tornou uma autoridade espiritual por onde passou[lx].

Ao retornar à Polônia, ingressou na vida religiosa e em 1882 se tornou um padre no monastério de Czerna, fundando também inúmeras organizações católicas e de caridade. Ele e seu amigo Albert Chmielowski foram canonizados e tornaram-se santos. Um dos monastérios fundados por Kalinowski foi na pequena cidade de Wadowice, onde veio a falecer em 1907. 14 anos depois, nessa mesma cidadezinha, nascia outro santo Polonês, e esse bem conhecido de todos nós: o Papa João Paulo II.

Poderia ainda falar de vários outros santos martirizados em guerras, como Santo André Bobola, frei jesuíta torturado e morto pelos cossacos; São Maximiliam Kolbe, que após salvar 2 mil pessoas do terror nazista[lxi], se voluntariou à ser executado pelos alemães em Auschwitz, no lugar de um pai de família; ou Edith Stein, também conhecida como Santa Teresa, uma judia convertida ao catolicismo também morta em Auschwitz.

Os exemplos de São Raphael Kalinowski e São Alberto Chmielowski ilustram algo que no Brasil seria quase impossível: a veneração de homens que foram, ao mesmo tempo, militares, aristocratas e religiosos. Não que não houveram brasileiros dessa estirpe. De fato, a história do Brasil é recheada de grandes figuras similares aos santos polacos. Porém, nos bancos de nossas escolas, estas classes (militares, aristocratas e religiosos) são alvos de uma calúnia constante, e usadas de bode-expiatório para justificar as disfunções de nossa sociedade.

Nossos heróis foram substituídos por traficantes.

Em Brasília existe um monumento chamado *Panteão da Pátria e da Liberdade*. Deixando de lado o gosto questionável da construção projetada por Oscar Niemeyer, o tal memorial tem como objetivo homenagaer os heróis do país, todos aqueles que se destacaram em prol da pátria brasileira, Então o leitor já deve imaginar que estejam lá nomes como Monteiro Lobato, o escritor cujo universo de fantasia e didática formou a imaginação das nossas crianças durante quase um século; a princesa Isabel, vossa alteza que extinguiu a escravidão ou mesmo o seu pai, imperador Dom Pedro II, aclamado pelo mundo como o *imperador-cidadão*[lxii], por seu cuidado e zelo com o povo comum.

Mas nenhum destes ilustres estão no Panteão. Até houve uma proposta para a inclusão de Dom Pedro II, mas a mesma foi rejeitada. Então quais são os nomes que estão no nosso memorial dos notáveis? Pois aqui listo alguns: Leonel Brizola, o político que se dizia contra a ditadura, mas apoiou o ditador Getúlio Vargas; o próprio Getúlio, cujo governo emulava os métodos de repressão da polícia nazista Gestapo[lxiii]; Miguel Arraes, fundador do partido socialista brasileiro; e Zuzu Angel, famosa pelos protestos após o desaparecimento de seu filho, um guerrilheiro do grupo terrorista marxista MR-8.

E o *Panteão da Pátria e da Liberdade* não é o único exemplo do esforço feito no Brasil para apagar de nossa memória aqueles que algo extraordinário fizeram. Outro exemplo abominável é a escolha de Paulo Freire como o patrono da educação brasileira. E isso no país de São José de Anchieta, o presbítero educador que aprendeu a língua Tupi[lxiv], ensinou e defendeu os índios, e intermediou o armísticio entre indígenas e portugueses. Enquanto Anchieta pregava a educação a serviço da paz, Paulo Freire dizia que o educador tem de estar a serviço da revolução. Enquanto Anchieta se ofereceu como refém aos nativos para garantir a paz na costa brasileira, Paulo Freire considerava o psicopata e autor de fuzilamentos sumários Che Guevara um *homem excepcional com uma profunda capacidade de amar*[lxv].

Até houve uma tentativa, em 2019, feita pelo deputado carioca Carlos Jordy de substituir o pedagogo marxista pelo padre jesuíta como padrinho da educação nacional[lxvi]. Mas o mesmo foi rechaçado até pelos próprios religiosos da Companhia de Jesus[lxvii], que no Brasil apresentam sinais de infiltração ideológica.

A substituição de Monteiro Lobato e Dom Pedro I por gente como Leonel Brizola e Paulo Freire no papel de exemplo para o povo brasileiro precede algo ainda mais sinistro e ultrajante: a elevação de toda sorte de bandido e criminoso ao papel de herói, algo que fazem ao afirmar que os delinquentes eram antes vítimas da sociedade mas que encontraram um jeito de vencer na vida. Pois, substituir uma figura altiva como a princesa Isabel por um terrorista como Marighella não seria aceito tão facilmente no imaginário do povo. Assim foram necessárias algumas décadas de degeneração moral, usando como um meio-termo artistas e "intelectuais" que embora não sejam criminosos, prestam homenagem a estes. Gente como Caetano Veloso[lxviii].

Na Polônia, a bem da verdade, o governo comunista também se esforçou, inclusive por meio da violência, para apagar da memória aqueles que não lhes convinham. Os bravos soldados da *Armia Krajowa* (Exército Nacional), que combateram tanto nazistas como comunistas, foram substituídos nos livros escolares pelos soldados da *Armia Ludowa* (Exército Popular), colaboradores do regime comunista. Tentaram também transformar heróis como Witold Pilecki em criminosos, pois assim os soviéticos justificariam a execução de um dos homens mais bravos da história do país. Mas os esforços do governo socialista falharam, e hoje as crianças, desde a mais tenra idade, ganham livros de colorir com a imagem de Pilecki e outros heróis[lxix].

Enquanto uma criança polonesa, de maneira lúdica,

aprende com os exemplos do capitão Pilecki, que se voluntariou para um campo de concentração, do padre Popieluszko
que, não temendo a morte, ofereceu café aos que queriam
mata-lo, ou do sacerdote-escoteiro Skorupka, que morreu con-
fortando feridos no campo de batalha, quais exemplos de conduta são mostrados à uma criança brasileira: os de Aleijadinho e
Barão de Mauá, ou os de Escadinha e Carlos Marighella?

CAPÍTULO III – AUTO-SACRIFÍCIO

A memória preservada em cada esquina

Fim de semana, tarde de verão. Vou pedalando ao parque aquático *Moczydło*, localizado à meia hora de casa. Logo na saída, ainda na rua *Madalinskiego*, vejo uma placa escrita *"No dia 2 de agosto de 1944, os soldados de Hitler fuzilaram neste local 60 pessoas. Lugar abençoado com o sangue de poloneses caídos pela liberdade".* Seguindo pela avenida da Independência, menos de 5 minutos depois, na altura do número 210, vejo outra placa: *"Aqui, em 7 de agosto de 1944, os soldados de Hitler fuzilaram 56 polacos. Lugar abençoado com o sangue de poloneses caídos pela liberdade".* Do outro lado da avenida, outra placa, dessa vez o número de mortos eram 50, mas a frase sobre o sangue dos caídos pela liberdade estava lá.

Até chegar ao parque, foram 20 destas placas[lxx]. A última delas exatamente em frente ao parque aquático. Esta era a que continha o número mais impressionante: 12 mil executados. Naquele dia as piscinas já estavam fechadas devido à lotação máxima, porém aberta estava a minha curiosidade a respeito destes monumentos.

Estes pequenos memoriais foram colocados na cidade em meados do século passado, e alguns já desapareceram. Ainda assim, hoje pelas ruas de Varsóvia podem ser vistos 160 unidades dessas pedras esculpidas em memória aos caídos.

Memória que para nós pode ser algo sombria, entristecendo um pouco uma bela caminhada de verão, mas para os locais é uma lembrança daqueles que lutaram e doaram suas vidas, pagando o preço máximo para que justamente nós pudéssemos andar hoje tranquilamente por essa mesma cidade. Então cada uma dessas placas, bem como a lembrança dos heróis citados no capítulo anterior serve de exemplos de virtude aos locais. Exemplos de coragem.

Em muitos lugares, a existência destas placas passaria como uma mera homenagem feita há décadas e hoje esquecida por todos menos por um forasteiro curioso a caminho da piscina. Não na Polônia, onde é comum ver velas e flores recém-colocadas por moradores das redondezas. A maioria dos vizinhos nunca teve contato com aqueles que padeceram no século passado, mas reconhecem a nobreza da luta que travam.

Em datas especiais como o dia 1 de agosto (início do levante de Varsóvia) é possível ver próximo às placas até mesmo coroas de flores, rosários, terços e lanternas coloridas, que a noite espalham suas cores em homenagem aos tombados em combate.

Estas homenagens não se resumem somente aos monumentos pela cidade. Nos cemitérios, é comum multidões colocarem velas e flores para aqueles que perderam a vida pelo país. Não somente nos túmulos de generais e líderes, mas também nos de soldados e vítimas civis quase desconhecidas. No dia de finados, os cemitérios se enchem de lanternas e velas de tal forma que é como se existisse uma tradição, onde nenhuma lápide onde jaz um voluntário da pátria deve ficar no escuro.

Se notáveis como os padres Skorupka, Kolbe e Popieluszko, ou como o duque Henrique *O Piedoso,* servem de exemplo de conduta individual, estes valentes anônimos são contados aos milhares. Seus sacrifícios servem de modelo às futuras gerações, inspirando o comportamento de toda a sociedade sobre como agir em momentos de crise. Eles são a prova de que, com coragem suficiente, cada um pode ser um herói.

O que é coragem?

Organizada corretamente, a nação é uma potência que não pode ser combatida por nada no mundo. Portanto, a organização nacional é obrigada a agir de forma honesta e aberta. [...] Uma organização, valorizando sobremaneira a dignidade de seu povo, desejando que ela seja tão religiosa e moral quanto possível, só pode agir com meios honestos. Honestidade, no entanto, quando se trata de lutar, requer muita coragem. Covardes nunca lutam honestamente.

Roman Dmowski, estadista polonês[lxxi].

Nassim Taleb, o escritor que desenvolveu o conceito de antifragilidade mencionado antes, faz a seguinte definição[lxxii]:

Coragem é quando você sacrifica o seu bem-estar em nome de um conjunto que é superior a ti.

Essa ideia de coragem é intrínseca a tomada de riscos pessoais por um benefício maior. Aquele que é corajoso é o que coloca em jogo o próprio bem-estar e posses em nome de algo que vai além dele mesmo. O oposto de corajoso, portanto (e este chamaremos de covarde) é aquele que arrisca algo que não é dele para obter benefícios pessoais.

Os anônimos poloneses, jovens que se rebelaram em 1830 contra os invasores russos, em 1944 contra os alemães ou em 1970 contra os comunistas, não o faziam por fama ou por benefícios pessoais. Se arriscaram e morreram por algo que era maior que eles, mais importante do que a própria vida: a vida de todos aqueles que também sofriam, mas não podiam lutar.

Isso fica bem exemplificado por um dos lemas usados durante o levante de Varsóvia:

"W imię Boga za Naszą i Waszą Wolność" - *"Em nome de Deus, pela nossa e pela vossa liberdade"*

O sacrifício feito pelos combatentes adquiria o caráter

de uma missão *quasi*-divina quando eles deixavam em casa suas esposas e filhos pequenos para passar meses em trincheiras, entre o zumbido das bombas e balas estourando os capacetes. Era o exercício daquilo que está escrito em Provérbios 24:11:

"Livra os que foram entregues à morte, salva os que cambaleiam indo para o massacre."

Os homens que se insurgiram contra invasores estrangeiros em 1830, 1944 e em inúmeros outros levantes foram a combate contra inimigos muito mais poderosos, melhor equipados e com a quase certeza de derrota. Tudo para que as esposas, irmãos mais novos e filhos pudessem ter uma chance de sobreviver.

Hoje certa classe de jornalistas insultam a memória dos participantes destas rebeliões, principalmente do levante de Varsóvia, chamando-os de ignorantes, impulsivos ou até mesmo suicidas. Isso só prova que, ofuscados pela total ausência do altruísmo, grandeza e dignidade típico daqueles jovens, tais membros da imprensa confundem suicídio com algo muito mais elevado. De fato, o mais sublime de todos os gestos.

Qual a diferença entre martírio e suicídio?

Em 2017, enquanto atendia o curso de catequese para adultos (como católico relapso no Brasil, não havia sido crismado e terminei por sê-lo em Varsóvia), perguntei para o padre o que diferenciava um suicida de um mártir. Ele respondeu-me que embora os atos tivessem o mesmo resultado imediato (a morte do sujeito), tanto a intenção quanto a finalidade são distintas. O suicida tem como intenção única acabar com a própria vida, e a finalidade de seu ato é a morte por si só. A intenção do mártir é a salvação de algo que merece viver em seu lugar, e morrer para ele não é o objetivo final.

O instinto de sobrevivência é o mais primitivo do ser humano, e por isso o mais vigoroso entre todos eles. O ator de ir contra este instinto tão básico de nossa existência em benefício do próximo é a plenitude e o clímax da coragem. Homens que se candidataram à morte em nome da salvação de inocentes, como Maximiliam Kolbe e outros citados, não são suicidas como sugerem alguns boçais. Eles são mártires.

A Lei de Gérson e o antimartírio brasileiro

Um dos membros da seleção campeã da Copa do Mundo de 1970 era o meio-campista Gérson. Após a aposentadoria, ele estrelou um famoso comercial da marca de cigarros *Vila Rica*, onde dizia o seguinte:

"Por quê pagar mais caro se o Vila me dá tudo aquilo que eu quero de um bom cigarro? Gosto de levar vantagem em tudo, certo? Leve vantagem você também".

Nos anos 80, em uma entrevista, o psicanalista pernambucano Jurandir Freitas analisou o comportamento tipicamente brasileiro de querer levar vantagem sempre. O entrevistador deu o apelido a esse comportamento de *Lei de Gérson*. O próprio Gérson, que havia feito o comercial sem imaginar que seu nome seria usado para descrever um costume tão execrável, não gostou da ideia[lxxiii].

Em um país que tem leis para quase tudo, talvez a de Gérson seja a mais respeitada e persistente de todas elas. Já na década de 20 a obra *Macunaíma – O Herói sem nenhum caráter* exemplificava a lei de Gérson antes mesmo desta ser formulada. E os exemplos, em nossa literatura e artes, de personagens que queriam levar vantagem em tudo são inúmeros. Vão desde o personagem de Mário de Andrade até o taxista Agostinho Carrara de *A Grande Família*.

Como em um povo facilmente influenciável a vida tende a imitar a arte, esses anti-heróis fictícios bem como seus pares no mundo real tornaram o ato de tirar vantagem um totem da personalidade nacional e incorporamos a ideia de *bom-ma-*

landro (por mais contraditória que essa expressão seja). Foi um passo para essa admiração tropicalista da malandragem se tornar um fascínio por golpistas e estelionatários.

Sendo a coragem o sacrífico do próprio bem-estar em nome do próximo ou de algo superior a ti, a covardia é o sacrifício do próximo para obter algo para si. É isso que faz aquele que estaciona na vaga de deficientes por *5 minutinhos*, ou que embolsa o troco errado dado pela mocinha da quintada. Sem dúvida eles obtêm vantagens, mas prejudicam um cadeirante que não tem onde estacionar ou uma vendedora de frutas que vai pagar pelo troco errado do próprio bolso. Os covardes não se arriscam para salvar alguém, mas arriscam alguém para benefício próprio. O glorificado *bom-malandro* não passa de um borra-botas, um molenga, um frouxo.

Tal covardia é fruto do mau exemplo, de personagens reais ou fictícios que nossas crianças aprendem a respeito na escola. Enquanto o estudante brasileiro é ensinado a admirar o famoso sindicalista que cortou o dedo mindinho e se aposentou, o estudante polonês aprende a admirar o soldado anônimo que deu a própria vida para que eu e você pudéssemos ler estas páginas.

O lugar onde veteranos de guerra recebem cusparadas.

A admiração não é, em terras polonesas, somente aos que morreram a serviço da pátria, mas também à aqueles que sobreviveram lutando. Essa estima aos sobreviventes é manifesta não somente em convites a bailes, celebrações presidenciais ou transporte público gratuito. A reverência vem na forma que cada cidadão, desde os mais novos até os adultos, olham e cumprimentam alguém que usa a medalha *Krzyż Armii Krajowej*, condecoração dada àqueles que participaram da resistência durante a II Guerra.

Crianças habituam-se a colocar flores e velas nos monumentos que relembram aqueles que lutaram em décadas distantes. Nas cerimônias com a presença de insurgentes contra o nazismo e o comunismo, há até sessões de história onde os pequenos aprendem sobre as aventuras dos veteranos e interagem com estes. Muitos meninos se orgulham de tirar uma foto com membros da *Armia Krajowa*. O apreço aos senhores que combateram alemães e soviéticos nas ruínas das cidades é ensinado desde muito cedo, e não existe um lugar no país onde estes homens não se sintam bem-vindos.

E que grande diferença podemos ver com o Brasil! Tivemos na II guerra mundial a participação dos aviadores da FAB (Força Aérea Brasileira) e dos pracinhas da FEB (Força Expedicionária Brasileira). Homens que quase congelaram nas montanhas da Itália, mas conseguiram feitos impressionantes. Uma extraordinária façanha da FEB foi a vitória na batalha de Fornovo di Taro, onde infligiram 10 vezes mais baixas aos alemães do que sofreram, e terminaram por capturar quase 15 mil soldados inimigos[lxxiv]. O general nazista Otto Fretter-Pico entregou sua rendição ao brasileiro Mascarenhas de Moraes e se tornou prisioneiro de guerra da FEB. Essa vitória foi tão decisiva que 3 dias depois, a guerra na Itália terminava.

Estes grandes feitos de nossos compatriotas são esquecidos pela população e educadores, o que contribui para algo que abordarei algumas vezes neste livro: a falta de exemplos de virtude aos nossos jovens. Um episódio que ilustra o desrespeito com que são tratados brasileiros que foram admirados até pelo inimigo[lxxv] foi o bloqueio das contas da associação dos veteranos da FEB, feito por um juiz carioca em 2015. Motivo? O não-pagamento do aluguel de um prédio onde o mesmo não deveria ser cobrado[lxxvi]. E essa falta de consideração ainda é tímida perto de uma cena ainda mais lamentável ocorrida no mesmo Rio de Janeiro. Em 29 de março de 2012, um militante petista, junto com alguns outros rapazes, atacou senhores que saiam do clube militar na Cinelândia e cuspiu na cara do octogenário coronel-aviador Juarez Gomes, enquanto os outros chamavam os idosos militares de *porcos*[lxxvii].

O tal cuspidor, fora ser militante do PT também era produtor cultural. Em um país onde a "cultura" é monopolizada por artistas globais que trabalham dia e noite para que nossos heróis sejam esquecidos e substituídos por *funkeiros*, líderes de quadrilha e ex-participantes do *Big Brother* (um deles, a propósito, adotou a tática de cuspir em quem ele discorda[lxxviii]), isso não é surpresa alguma. Lastimável, mas não surpreendente.

CAPÍTULO IV – TEIMOSIA E OBSTINAÇÃO

Ontologia da eternidade

> *Mas vamos viver como se os séculos fossem nossos;*
>
> *Calmamente estabelecer as fundações em um país livre.*
>
> *E se alguém colocar fogo em nossa casa*
>
> *Cada um de nós deve estar pronto*
>
> *Porque é melhor ter de morrer de pé*
>
> *Do que nos ajoelharmos e viver dessa maneira.*
>
> Jerzy Narbutt[lxxix]

Armênia, Líbano, Polônia; povos que passaram por genocídios e massacres. Nações que resistiram à grandes e repetitivas destruições durante a história e tem um fator em comum: a adoção de valores pelos quais devemos construir algo vai além do tempo de nossas próprias vidas. Que nossa presença no mundo não é a razão de si mesma, que somos parte de algo que atravessa gerações e cujo destino, pela fé, é por e para uma entidade superior. Isso é o que chamarei aqui de *ontologia da eternidade*.

Ontologia, no seu significado aristotélico, é o estudo da natureza da própria existência. E a ontologia da eternidade é o oposto do hedonismo que infecciona povos, países e até impérios inteiros nos momentos que precedem a decadência destes. O hedonista, focado na busca por todo prazer possível nos parcos anos que lhe restam de vida, é frágil. Talvez não exista nada mais fácil de ser eliminado da existência do que um povo cujo ânimo se resume em buscar a felicidade e o conforto. Estes chacoalham a bandeira branca da rendição ao som do primeiro estampido, se isso significar que amanhã poderão passar o dia entorpecidos em álcool e prostitutas.

Já o anti-hedonista assume o dever de irradiar o legado das gerações anteriores para as vindouras, de guardar sua honra, de tornar o povoado, comunidade ou pátria o mais próximo do ideal filosófico e religioso transmitido através dos tempos. Ele não busca consumir toda faísca de sua vida em prazeres inconsequentes, mas sim na manutenção do que lhe foi transmitido e, se possível, em seu aprimoramento. Em última instância, no caso de povos cristãos como os armênios ou polacos, essa perseverança é parte da caminhada para a vida eterna. Este modo de pensar torna essas sociedades antifrágeis.

Antifrágeis são os povos que sob pressão e ameaça não somente se mantém em pé, mas crescem em seus valores e florescem em suas virtudes. Sobrevivem mesmo quando estão em menor número. Formam, quando isso acontece, o *inflexível vitorioso*.

A vitória do inflexível

De acordo com o censo de 2011, apenas 4.4% dos habitantes do Reino Unido são muçulmanos[lxxx]. Uma parte destes seguem as restrições alimentares impostas pelo Islã (dieta *Halal*), nos quais, entre outros, é proibido o consumo de álcool e de porco, e o abate deve ser conforme as regras islâmicas.

Apesar de os seguidores da dieta islâmica serem menos de 1 em cada 20 britânicos, a rende de fast-food *Subway* baniu totalmente carne de porco e só oferece produtos *Halal* em mais de 200 de seus restaurantes no Reino Unido. A rede *Nando's* fez algo similar: passou a oferecer somente produtos de acordo com as restrições muçulmanas em 36% de seus 402 restaurantes[lxxxi]. Algo parecido aconteceu em Singapura, onde a população muçulmana são 14% do total[lxxxii]. Lá a rede *Subway* retirou porco do cardápio e fez com que todos os restaurantes do país exceto um servissem apenas produtos permitidos pelo Islã.

A pergunta que surge: como é possível que costumes e negócios inteiros tenham de mudar para se adaptar apenas a uma pequena fração da sociedade? Simples: essa pequena parte da população é intransigente, já a maioria não. Um não-muçulmano que esteja com vontade de comer um sanduíche e passe por um Subway, dificilmente não vai entrar somente pelos animais do cardápio terem sido abatidos de acordo com a lei islâmica. Por outro lado, um muçulmano praticante, exceto sob risco de vida, não irá ingerir nada que não seja *Halal*. Portanto, ao tornar toda sua rede adequada às restrições religiosas desse pequeno público, o *Subway* ganha mais um mercado sem perder os que eles já têm. Este fenômeno passa quase despercebido pela maioria da população, já que os únicos não-muçulmanos que são muito afetados pela mudança são os açougueiros não-islâmicos, que perdem seus empregos[lxxxiii].

Tanto o Reino Unido e Singapura são, hoje, países multiculturais. Convivem nestes pessoas de inúmeras religiões e costumes. Sob essa convivência aparentemente pacífica (às vezes nem tanto, como no ataque terrorista de Westminster em 2017), se esconde uma gradual submissão do mais tolerante ao intolerante, como mostra o exemplo das redes de fast-food. Por essa razão os dois exemplos são convenientes ao nosso livro. Pois a Polônia já foi também um país multicultural.

Durante os séculos XVII e XIX, quase um terço dos habitantes da Polônia não eram polacos. E mais de 10% de todas as pessoas do local não comiam porco por razões religiosas (judeus e muçulmanos)[lxxxiv]. Isso é mais que o dobro do percentual observado no Reino Unido. Em alguns centros urbanos tal número chegava a 49%. Ainda assim, a cozinha polonesa se manteve baseada em carne de porco e hoje, nas celebrações de Páscoa eu ainda posso saborear uma deliciosa *Golonka* ou *Kiełbasa,* bem como uma variedade de presuntos que eu imaginava ser impossível de existir.

O exemplo da culinária parece trivial, mas é apenas uma amostra da *sociedade inflexível* que não deixa suas tradições caírem em desuso pela simples necessidade de adaptação. Ainda hoje é possível ver comportamento similar. Em todo o mundo empresas buscam direcionar seus esforços publicitários para o público LGBT, já que em lugares como a Alemanha ou a Suécia, um anúncio de cosméticos com homens se acariciando agrada o público gay sem gerar uma reação negativa no resto do povo.

Já em países cujas tradições religiosas se mantiveram, tais condutas em público são consideradas reprováveis, e a população não perdeu suas convicções apenas para obedecer o mantra de *tolerância a todo custo* que a mídia com frequência impõe. Um exemplo disso é uma propaganda voltada para famílias da montadora Volvo feita em abril de 2019, com versões em inglês para os mercados internacionais, e em polonês. A versão em inglês mostra dois homens de mãos dada e uma criança em um carrinho de brinquedo da marca. A versão em polonês, por outro lado, exibe um casal heterossexual[lxxxv]. Presumo que a montadora sabia que a repercussão em um país onde o povo mantém valores conservadores não seria positiva.

O ativismo do segmento homossexual é bem-sucedido em muitos países precisamente por ser inflexível em suas demandas. Ao lidar com povos extremamente tolerantes, grupos como os movimentos feminista ou LGBT, ainda que sejam pequenas minorias, rapidamente ganham espaço, pois a maioria não representa resistência alguma. Isso porquê tolerância virou sinônimo de falta de convicção. Na falta de convicção da massa, essas pequenas frações da sociedade encontram terreno fértil para forçar suas demandas por leis que os favoreçam, subsídios que os sustentem e até censurar livros ou pensadores que os desagradem. Os 5% intolerantes conseguem colocar de joelhos os 95% tolerantes.

Essa batalha, que discutirei em outras partes deste livro, é cultural, e ela é vencida não por aquele que possuí mais gente, mas sim pelo mais obstinado. É por essa razão que tantos britânicos comem *Halal* ainda que não-muçulmanos sejam menos de 5%, ou que os tradicionais salsichões estão sendo banidos das escolas alemãs para não desagradar à minoria de refugiados[lxxxvi]. No caso polonês, esses movimentos minoritários intolerantes e ativistas encontram do outro lado uma sociedade que não está disposta a abrir mão dos seus próprios valores, ainda mais depois de tanto sangue derramado para defendê-los. Após morrerem aos milhões pelo direito de serem o que são, os polacos se tornaram uma resistência formidável às pressões politicamente corretas que colocaram de joelhos muitos dos países europeus. E quanto maior a coerção que sofrem, mais coesos tornam-se

Uma nação como moléculas de carbono.

Carbono: o mesmo elemento que compõe algo banal como o carvão é também o que forma o cristal mais desejado do planeta: os diamantes. Mas diferente do combustível das caldeiras, para o carbono se tornar a pedrinha quase indestrutível dos anéis de noivado, é necessário um ambiente de extrema pressão[lxxxvii]. O mesmo acontece em algumas sociedades: sob ameaça, elas adquirem uma firmeza e solidez proporcionais às hostilidades que enfrentam.

Semelhante processo é vivido por povos inteiros, cujo sangue de seus filhos quando derramado por tiranos, somente adiciona ânimo e vigor para lutar. As agressões nazistas e comunistas contra a Polônia servem de exemplo. Os alemães sistematicamente tratavam de humilhar os cidadãos da terra que ocupavam, com execuções sumárias pelas ruas ou cortando a quota de ração diária destinada aos civis. Os soviéticos usavam tática similar, confiscando o alimento dos moradores e destinavam a estes o mínimo para sobreviver. A ideia era enfraquecer os locais e assim evitar revoltas. Mas tal medida, tais punições constantes e injustificadas, surtiram o efeito oposto: estimularam a caridade e o compartilhamento de comida entre aqueles que tão pouco tinham. Os tornou mais fortes e fraternos frente às dificuldades impostas. Junto de hábitos tão belos, surgia outro não tão nobre, que era o desejo de vingança.

Como escreveu o filósofo estoico Sêneca dois milênios atrás em *De Clementia*:

A punição repetitiva, enquanto esmaga o ódio de alguns, desperta o ódio de todos... Assim como as árvores que foram podadas, crescem de novo em inúmeros galhos.

As humilhações sistemáticas impostas por russos, alemães e soviéticos não foram suficientes para dominar e amansar os poloneses, mas sim geraram revolta atrás de revolta. Foi neste contexto que explodiu o levante de Varsóvia, a mais impressionante de todas as rebeliões em mais de 1000 anos desta nação. Por esse motivo, que além dos 40 mil soldados participantes, quase toda a população da cidade ajudou de uma forma ou de outra neste grande esforço. Os mais velhos, sem condições de empunhar uma arma, ajudavam consertando os rifles. Os mais novos, sem forças para segurar uma carabina, levavam correspondencias entre os diversos *fronts* de batalha. Em todo lugar a população se unia e lutava. Sem dúvida houveram também consequências negativas na alma do povo, mas muitas virtudes floresceram.

Esse fortalecimento dos polacos em tempos de crise não é algo único. Os armênios, ao sofrerem com a matança cometida pelos otomanos, também adquiriram coesão e por meio desta garantiram a sua existência frente a uma ameaça várias vezes maior. O mesmo vale para os japoneses, ao derrotarem o poderoso império russo, ou para os finlandeses, que resistiram à máquina soviética. Os exemplos de estados relativamente pequenos resistindo à inimigos militarmente superiores graças à motivação uniforme da população em ir junto para o front de batalha são vários. Isso torna essas nações antifrágeis, de modo que todos os povos que citei acima já existem por vários séculos, ou em alguns casos, milênios. A antifragilidade que possuem faz com que ganhem vigor sob pressão.

O oposto disso pode ser visto em entidades marcadas pela pluralidade de motivações, que faz com que ao sinal de ameaça, o modo *salve-se quem puder* seja ativado. Foi assim que uma enorme força militar, como a França em 1940, foi tão depressa derrotada pelos nazistas. Erros estratégicos à parte[lxxxviii], eles perderam em apenas 1 mês porque não estavam unidos em oposição aos alemães. A motivação de seus militares não era a mesma dos poloneses que com uma força muito menor, lutaram tão ferozmente. Nem ao menos existia uma opinião uniforme quanto à ameaça de Hitler[lxxxix]. Então, ao confrontarem a *Wehrmacht*, não demorou para os franceses se dividirem.

E se a *ontologia da eternidade* e a *sociedade inflexível*, dois conceitos que escrevi logo acima, tornam uma nação antifrágil e aumentam as chances desta existir através dos milênios, existe também uma noção associada com uma fragilidade tão grande quanto o ego de uma militante feminista: o *cada um por si*.

O Reino do cada um por si e Deus, que é brasileiro, por todos.

O Brasil não passou por grandes agressões militares recentes. O último país que nos invadiu foi o Paraguai, que terminou trucidado e perdeu um terço de sua população. De lá para cá o grosso da sociedade brasileira se unificou por um objetivo comum em raras ocasiões, como a marcha da família em 1964, uma ou outra manifestação por impeachment e claro, pela seleção a cada 4 anos. Mas sem sombra de dúvidas, a união que surge quando nossos jogadores enfrentam a Alemanha nos gramados não se compara a que surgiu entre o povo polonês quando estes enfrentaram a Alemanha nas trincheiras.

Por quê o povo brasileiro é tão pouco coeso? Ainda que os motivos sejam vários, é possível delinear alguns mais explícitos. Um deles, já citado, é a *Lei de Gérson* e a necessidade de levar vantagem em cada interação social. Se você está sempre preocupado em sair ganhando mais do que qualquer um, com qual motivação vai se unir ao próximo para alcançar algo que pode ser benéfico a todos?

Outra causa da pouca coesão é a busca insaciável por prazer. Se tudo começou com um país quente e gente usando pouca roupa lá em 1500, a coisa degringolou com as novelas globais tornando virtudes, tal qual a fidelidade, em obstáculos a serem superados pelos heróis na obtenção dos deleites da carne. Ou com filósofos de revista adolescente repetindo *ad infinitum* que nada é errado se te faz bem. Ou com parte do clero católico abandonando o seu papel metafísico em nome de discursos políticos. Somado tudo, surge o cenário ideal para a mutação de uma sociedade em um amontoado de indivíduos capazes de entregar o próprio vizinho em troca de uns minutos de êxtase.

O hedonismo que fez muitos soldados franceses se renderem aos nazistas para continuarem degustando *camembert* e vinho[xc] os tornou frágeis. O mesmo acontece com vários brasileiros que, entre um dia na praia ou um nome gravado no panteão dos heróis da história, possivelmente escolheriam o primeiro. *Lutem vocês! Porquê eu não posso.*

Em uma população obcecada pela busca do bem-estar, cria-se um ciclo onde empresas (como o Magazine Luiza e seu célebre slogan *Vem ser feliz!*), políticos e artistas oferecem algo que nunca entregam, e *intelectuais* (por mais doloroso que seja usar essa palavra para alguém como o sr. Leandro Karnal[xci]) reforçam a ideia de que vale a pena continuar buscando uma felicidade que não vai ser alcançada. Ao menos não desta forma.

CAPÍTULO V – FAMÍLIA, EDUCAÇÃO E NAÇÃO

Qualé, isso é coisa de gaúcho.

Certa vez, em um casamento entre uma amiga brasileira e um polonês, Marta (minha mulher) e eu conversávamos com a família da noiva. Foram apenas meia dúzia de frases para que eles perguntassem se eu era do interior de São Paulo. O meu *r* retroflexo me entregou quando eu disse palavras como "por quê" e "cartão". Marta achou interessante o quão rápido outros brasileiros reconheciam o meu sotaque e eu o deles (os do casamento eram cariocas, ou talvez mineiros de Juiz de Fora). Perguntei para ela – *Vocês também não tem esse tipo de diferenças na Polônia? Todos aqui falam da mesma forma?*. Ela respondeu que sim, que quase todos falavam da mesma forma. Isso foi uma surpresa para mim, já que ainda que este país seja bem menor que o Brasil, ele possui uma extensão maior do que a que separa os sotaques caipira e o carioquês.

Meses depois, viajamos pelas montanhas no sul polonês e eu ouvi algumas palavras que me soavam estranhas. A pronúncia não era a mesma e os sons saiam meio cantados, com uma entonação maior nas vogais. Havia ainda uma ou outra palavra completamente nova. Então perguntei a Marta: - *Você disse uma vez que todos falavam polonês da mesma forma, mas e essa maneira dos locais Górale[xcii] falarem?*, no que ela me respondeu: - *É só a pronúncia e uma ou outra palavra.*

Oras, é justamente *a pronúncia e uma ou outra palavra* o que separa o meu sotaque caipira e o carioca: Mas enquanto nós, brasileiros, focamos nas diferenças entre os que compõem o nosso país, os polacos focam naquilo que os tornam similares. Um gaúcho, ao trocar uma meia dúzia de frases com um paulista, irá perceber justamente aquelas 4 ou 5 expressões que são **diferentes**. Já o mesmo gaúcho, ao conversar com um argentino, irá realçar aqueles 4 ou 5 modismos que são **similares** entre os dois, e talvez fale algo cafona, como que Porto Alegre é a *Buenos Aires brasileira*[xciii]. Por fim, o realce é nas diferenças dentro de nossas fronteiras e nas similaridades com o que é de fora. É como se o brasileiro sentisse um impulso social de querer parecer um pouco mais estrangeiro entre seus pares.

O exemplo do idioma se estende para a culinária, vestimentas, e, em última instância, até para os costumes. Os poloneses têm uma veste típica para cada região do país, da Pomerânia à Silésia. Mas quando um estrangeiro pergunta o que são tais vestidos floridos, à resposta será *Isso é um vestido tradicional polonês*, ainda que na realidade seja típico apenas de uma parte específica do país. O leitor consegue imaginar qual seria a resposta dada ao estrangeiro ao perguntar a um carioca se bombacha e chimarrão são tradicionais do Brasil? *Qualé, isso é coisa de gaúcho.*

Família, Povoado, Região e Nação

É comum a confusão feita entre os termos *nação* e *país*. Se países são pedaços de terra riscados em um mapa, com seu próprio governo e soberania, a outra palavra é de definição um tanto mais complicada. O dicionário *Oxford* indica que *nação é um grande corpo de pessoas unidas por origem comum, história, cultura ou idioma, habitando um determinado país ou território*[xciv]. Um país pode ser formado em uma canetada de políticos ou membros da ONU. Já uma nação surge de uma união cultural e histórica que se constrói durante séculos, às vezes milênios. Um país pode conter várias nações. Já uma nação não necessita de um país para existir.

A Polônia existiu como nação durante quase 200 anos (de 1795 quando foi repartida entre russos, prussianos e austríacos, a 1918), sem existir como país no mapa. Pois enquanto as semelhanças que uniam os povos sob o governo de Moscou ou de Viena continuassem a existir, estes continuariam a ser uma só nação, ainda que vivendo sob governos distintos. Em certo sentido, é a mesma coisa que define uma família. Ainda que eu more em Varsóvia, parte da minha família nos EUA e outra parte no Brasil, nossas origens e costumes mantém os nossos vínculos.

Assim, uma nação pode (e deve) ser vista como uma extensão da família. Os laços fraternais que existem em uma casa, quando passam a se reproduzir entre os vizinhos, povos e regiões, formam o caráter nacional. Os deveres que um pai têm para com um filho, se tornam as obrigações que um membro de um povo tem para com os filhos de outros membros daquele mesmo povo. No final, isso se torna um dever de todos para com todos. Um dos fundadores do estado polonês, Roman Dmowski, escreveu:

Eu sou polonês - então eu tenho deveres para com a Polônia: eu os sinto na medida da força que eles existem, e isso me representa como um homem. Porque em grande parte, a minha alma vive a vida geral da nação, que é preciosa para mim, e isso a torna cara para minha pessoa e mais forte eu sinto a necessidade de cuidar de sua integridade e desenvolvimento[xcv].

Esse sentimento de cuidado mútuo, compartilhado pelos membros de uma nação e que se fortalece em tempos de conflito, é o que torna a entidade nacional algo muito mais duradouro do que meros países. Nações são *antifrágeis*, enquanto riscos em um mapa são frágeis, pois poucos (ou mesmo ninguém) estariam dispostos a se arriscar para proteger as vontades de um burocrata. Nessa altura, talvez o leitor pense que nessa definição o Brasil não existe enquanto nação. Eu diria, no entanto, que o Brasil tem o seu espírito nacional em formação - até pela sua própria juventude – pois não possui sequer 200 anos enquanto muitos povos europeus já comemoraram o milésimo aniversário.

Para que essa juventude nacional se torne madura, é necessário que aquilo que nossos povos tem em comum (os nossos heróis bem como a cultura, crenças e outros atributos) seja preservado e lembrado dentro da célula-mater da nação, que é a família. Um bom exemplo de como o ambiente familiar pode nutrir o sentimento nacional é uma pequena canção (ou um pequeno poema) que muitos pais poloneses ensinam aos filhos quando estes aprendem as primeiras palavras[xcvi]:

Pai: Quem é você? Filho: Um pequenino polonês

Pai: Qual é o seu emblema? Filho: A águia branca

Pai: Onde você mora? Filho: Entre o meu povo

Pai: Em qual país? Filho: Na terra polaca

Pai: Que terra é essa? Filho: É minha terra natal

Pai: Como ela foi obtida? Filho: Com sangue e cicatrizes

Pai: Você a ama? Filho: Com meu coração e alma.

Pai: E no que você confia? Filho: Confio na Polônia

Pai: O que você é para ela? Filho: Seu filho agradecido.

Pai: O que você deve a ela? Filho: A minha vida

Escola ensina, quem educa é a família

Me dê uma apenas uma geração de jovens, e eu transformarei o mundo.

Vladimir Ilyich Ulyanov, também conhecido como

Lenin

É mais fácil, em geral, convencer de algo uma criança de 6 ou 7 anos do que um adulto. Por isso grandes revolucionários defendem a tomada do sistema escolar como prioridade nas tentativas de subverter ou destruir a ordem social. Mas tal subversão não é possível somente por meio do ato de ensinar, que é a difusão de conhecimento. Por isso o revolucionário busca transformar o sistema de ensino em sistema de educação. Se antes era difícil doutrinar uma criança ensinando-a apenas a resolver equações, identificar ditongos ou explicar os biomas brasileiros, quando se expandem as atribuições da escola, tudo fica muito mais fácil para o subversivo.

Essa expansão se dá por meio da tomada de funções que antes pertenciam à família. Pois quando a educação fica a cargo da família, esta transmite conhecimentos acumulados por gerações de avós, bisavós e tataravós, por isso o curso da sociedade fica muito mais estável. O revolucionário não tolera estabilidade, pois necessita de solavancos tão grandes que possam destruir a ordem social e abrir caminho para o seu projeto de poder. Isso só se torna possível por meio da eliminação de um dos grandes agentes de equilíbrio, que é a educação nutrida no seio familiar.

Uma vez que a autoridade de formação das crianças é transmitida dos pais para o estado, é uma questão de tempo para que o partido governante passe a atuar no sequestro da capacidade de julgamento das futuras gerações e inserir nestas as mais atrozes e vis filosofias. Ideias como o violentíssimo *maoismo*, promovidas em ritmo industrial pela educação estatal na cabeça dos jovens, jamais passariam pelo crivo de pais e mães verdadeiramente interessados no bem-estar de seus rebentos. Por isso, para o revolucionário, é necessário tirar os pais da jogada (e foi o que o criador do *maoismo* fez durante sua *revolução cultural*). Muito antes de Mao Zedong, os jacobinos já deixavam claro suas aspirações de tomar o papel educador dos genitores e transferi-los ao estado. Rousseau, um dos filósofos favoritos dos revolucionários franceses, já dizia: *"Não se deve abandonar às luzes e aos preconceitos dos pais a educação de seus filhos, pois ela importa ao Estado mais que aos pais. O Estado permanece, e a família perece."*[xcvii]

Dos revolucionários franceses no século XIX até à esquerda do século XXI, a lógica de mandar para escanteio o pai e a mãe na educação das crianças não somente continuou, como a justificativa usada para tal atrocidade foi refinada. No Brasil de hoje, pedagogos USPianos afirmam que uma escola que pensa apenas em ensinar matemática, geografia ou português é *antiquada*, e que os novos tempos demandam que professores ensinem sobre sexo, gênero ou relacionamentos amorosos. Flávio Gordon, em seu best-seller *A Corrupção da Inteligência* ilustrou essa situação:

Na realidade, a ideia de hegemonia como relação pedagógica tem menos a ver com ensino — no sentido de transmissão de conhecimentos e conteúdos objetivos delimitados — do que com educação. Esta última — significativamente preferida pelas políticas pedagógicas contemporâneas, que consideram o "ensino" coisa vetusta e ultrapassada — incide sobre as esferas da moral, dos gostos e dos valores e diz respeito à formação total da personalidade[xcviii].

Logo ao retirar dos pais (que excetuado em casos de psicopatia, são os maiores interessados no progresso dos filhos) e repassar ao estado a responsabilidade de educar, é dado a este também o controle sobre a personalidade dos jovens. É aí que a desgraça acontece.

Educação familiar preservando tradições

Se a transferência do papel educador dos pais para os professores pode gerar uma catástrofe coletiva, esta não é de forma alguma imprevista. Pelo contrário, é até mesmo desejada pelos revolucionários, pois estes necessitam demolir tudo que foi construído por gerações para então instaurar a desejada sociedade utópica pela qual vale tudo, até derramar sangue. Como escreveu Bruno Garschagen em sua divertida (e triste) obra *Pare de acreditar no governo*[xcix]:

Quando um governo força "a implantação de novos modelos de conduta", tende a provocar "a quebra repentina de padrões de moralidade tradicionais", produzindo um "estado de perplexidade e desorientação, aquela dissolução dos laços de solidariedade social, que desemboca no indiferentismo moral, no individualismo egoísta e na criminalidade". O reflexo dessa atuação política na sociedade é tanto engenhoso quanto danoso.

Um país onde o estado detém tanto as responsabilidades de ensino (transmissão de conhecimentos matemáticos, linguísticos, científicos, etc.) e as educativas (formação da personalidade e dos valores de cada criança) pode dar a impressão de uma nação mais estável, já que ao educar toda a juventude exatamente do mesmo modo, se evitam as diferenças oriundas da maneira que cada pai e mãe o faz com seus filhos. Mas essa ideia de estabilidade é completamente falsa, pois se por um lado, o estado educador consegue uniformizar todos os jovens, ele também pode cair nas mãos de um individuo (ou partido) cuja intenção seja usar um poder tão imenso para fins espúrios. Como eventualmente toda democracia cai em mãos sujas, é uma questão de tempo até que algum tirano megalomaníaco use o *estado educador* para doutrinar os jovens. Ainda que tal desastre tarde a acontecer, a cada ciclo eleitoral a tal estabilidade pode ser rompida por um novo eleito, com um novo ministro da educação que implanta novos métodos, e assim destrói qualquer chance de estabilidade na formação da personalidade do jovem.

Por essa razão, a educação nutrida no meio familiar é muito mais estável do que os delírios vindos de algum burocrata sentado em uma mesa no ministério da educação. Uma família, ao contrário de um governo, não muda a cada 4 anos. Os valores, crenças e modos de conduta que nossos pais passaram para nós foram testados e consolidados durante gerações ancestrais, formando as sólidas tradições que deveriam compor cada família, e que em seu conjunto, formam a nação.

Tradições, Modus vivendi e mesa cheia

A maneira que você se relaciona com as outras pessoas da casa, os assuntos discutidos nas reuniões com tios e primos, a quantidade de vezes que você diz *por favor*, *obrigado*, ou *desculpe*, as brincadeiras com sobrinhos e filhos, o seu tom de voz, e até mesmo a maneira que a mesa é posta nas refeições compõem as idiossincrasias, o *modus vivendi* de cada família, em cada lugar do planeta terra.

Algum tempo atrás, na ante-véspera de natal, minha noiva me informou que iria tirar um dia de folga para ir à cidade de sua avó ajudar nos preparativos da ceia. Como a tradição é de servir um tipo de prato para cada apóstolo, a quantidade de comida só não é mais espantosa do que o trabalho para preparar tal banquete. Sabendo que um dia de folga certamente custaria a ela mais do que os pratos que ela ajudaria a preparar, e somado a isso o trabalho de cozinhar iguarias como o *Bigos*, eu questionei se não era mais fácil encomendar em algum restaurante local e depois buscarmos. A explicação dela não foi muito clara, mas ficou evidente que mais importante do que ajudar nos pratos, era preservar um costume que deu a ela tantas memórias desde a infância: cozinhar com a vovó na véspera de encontros familiares. Se durante anos e gerações esta prática deu certo, por quê mudar para a sugestão estéril (e meio palerma) de um estrangeiro que pensou somente em economizar esforço?

É nesses momentos, de convivência intergeracional, que se dá a educação familiar. Nos jantares, nas pescarias, nas longas horas de pai e filho pegando estrada ou na netinha cozinhando junto com a avó. Um professor talvez saiba muito mais do que o vovô sobre química ou álgebra, então é natural que ao primeiro caiba a função de transmitir conteúdo ao infante. Mas educar, elucidar os percalços da vida, e transmitir as tradições que sustentam gerações... é melhor feito na frente de uma panela de *bigos*.

Infâncias sequestradas por Marcuse

Em 1920 o marxista italiano Antonio Gramsci convocou todos os revolucionários a glorificarem os comportamentos mais perversos possíveis, como meio de destruir a classe média e colapsar a sociedade de dentro para fora. Não é agora que me aprofundarei sobre o comunista italiano, pois falarei dele mais adiante, porém um de seus seguidores, o alemão Herbert Marcuse, levou a idéia de Gramsci a níveis aterradores. Se o italiano convidava o povo à perversão em nome da revolução, o alemão ia além e dizia que críticas à comportamentos pervertidos são simplesmente inaceitáveis[c]. Algo muito familiar aos dias atuais, onde apenas uma palavra de reprovação à certa minoria sexual pode resultar em perdas de perfis em redes sociais, demissão, expulsão de faculdade ou até uma estadia na cadeia mais próxima.

Foi Marcuse que semeou nas escolas de pedagogia a ideia de tolerância seletiva, onde tudo que convém à revolução deve ser permitido, e tudo que não convém, como os conservadores e reacionários, deve ser ferozmente reprimido. Coube a elite uspiana juntar isso com as táticas raivosas gramscistas. Uma das figuras mais famosas da USP, a professora Marilena Chauí, comparte do mesmo ódio pela classe média (*e tudo o que ela representa*) que Gramsci tinha quase 100 anos antes[ci].

Se o ensino é transmissão de conteúdo, a educação é formação de personalidade e portanto algo que esteve a cargo da família durante a história da humanidade. Ao incrustar na mentalidade dos pais a ideia de tolerância, onde é proibido chamar o imoral de imoral, o obsceno de obsceno e o sem-vergonha de sem vergonha, os marcusianos usurparam essa responsabilidade da família.

Uma mãe dizer à filha que um relacionamento à três não é saudável no longo prazo? Preconceito! Um avô dizer ao filho de 15 anos que ele deve pensar nas consequências irreversíveis antes de *trocar de sexo*? Homofobia! Quem daria as cartas na cabeça da meninada a partir de agora são professores que segue fielmente a cartilha de Marcuse. E com os pais perdendo o direito de educar, aconselhar e formar seus filhos, acabaram reduzidos ao papel de provedores, de donos de gato cuja maior função é encher um pires de ração e outro de leite.

Em lugares onde a convivência familiar se degenerou para meras relações de provedores e providos, o utilitarismo das interações entre pais e filhos, irmãos e avós faz com que tradições sejam substituídas por caminhos fáceis, onde se *perde menos tempo* e se obtém mais diversão. Foi a partir daí que começaram a rarear aqueles momentos familiares valiosos para a vida. Aqueles almoços com a TV desligada e todos na mesa discutindo as aflições escolares das crianças, ou aquelas tardes de mãe e filha cozinhando e conversando sobre o namoradinho novo, ou as pescarias entre pai e filho onde o menino aprende que gastar mais do que ganha pode trazer problemas.

Agora, nas mesas reina o silêncio, pois nas escolas os professores a todo tempo lembram os pupilos que pais e avós vieram de gerações reacionárias, ultrapassadas, quase trogloditas, e que cabe aos jovens tomarem as rédeas do mundo para consertar todos os problemas criados por gerações anteriores. Dizem até mesmo que pouco vale a pena escutar os mais velhos. Aos pais de filhos roubados pelo vírus gramscista-marcusiano, resta, na melhor das hipóteses, ser ignorado, e na pior, ser insultado por aqueles que saíram de seu próprio ventre.

CAPÍTULO VI – A IGREJA: ANTE-MURALE CHRISTIANITATIS

Dois países batizados em abril

A história polonesa começa oficialmente com o batizado do monarca Miecislau I em 14 de abril de 966, em parte por causa de sua esposa, a católica princesa Doubravka da Boêmia. Batizado, casado e reconhecido pelos outros monarcas europeus, o antes líder tribal pode unificar os povos pagãos da região e deu início à nação polonesa.

Quinhentos e trinta e quatro anos e 12 dias depois, em um domingo, 26 de abril de 1500, no litoral sul da Bahia, o frade franciscano Henrique Coimbra ministrava a primeira missa em território brasileiro, um marco registrado na carta de Pero Vaz de Caminha, certidão de nascimento do Brasil. Não demorou muito para os índios que moravam na região se juntarem às celebrações católicas, tal qual os líderes tribais pagãos poloneses se juntaram ao catolicismo de Miecislau I. Como escreveu Pero Vaz de Caminha:

Ali disse Missa o Padre frei Henrique, a qual foi cantada e oficiada por esses já ditos. Ali estiveram conosco a ela obra de cinquenta ou sessenta deles [índios], assentados todos de joelhos, assim como nós. E quando veio ao Evangelho, que nos erguemos todos em pé, com as mãos levantadas, eles [os índios] se levantaram conosco e alçaram as mãos, ficando assim, até ser acabado; e então, tornaram-se a assentar como nós. E quando levantaram a Deus, que nos pusemos de joelhos, eles se puseram assim todos, como nós estávamos com as mãos levantadas, e em tal maneira sossegados, que, certifico a Vossa Alteza, nos fez muita devoção. Estiveram assim conosco até acabada a Comunhão[cii].

Foi desse modo, com celebrações católicas no mês de abril, que foram plantadas as sementes das duas nações. Porém, a história assegurou-se que daí para a frente os destinos das duas fossem um tanto diferentes. Historicamente rodeado por povos da mesma religião, o catolicismo no Brasil enfrentou poucas ameaças externas. Talvez a pior destas tenham sido os invasores protestantes holandeses, que perseguiram e assassinaram religiosos no norte do país como os 30 mártires de Cunhaú e Uruaçu. Por outro lado, a igreja no Brasil sofreu com conspirações e infiltrações internas que a golpeavam por dentro, e que abordaremos um pouco adiante.

Já os poloneses sofreram diversos ataques às suas igrejas, monastérios e conventos da parte de vizinhos com religiões distintas. Estas agressões vieram de todas as direções. Pelo sul com os otomanos islâmicos ainda em 1672, pelo leste com os russos ortodoxos e pelo norte e oeste com os suecos e germânicos protestantes. E mais recentemente, houve o ateísmo comunista que sentenciava padres à morte. Ainda assim, eles resistiram. Foi essa resistência o embrião da vigorosa religiosidade que mencionarei adiante.

Quase todas estas agressões tinham como característica destruir a ideia de nação polonesa. Os invasores alemães queriam que os polacos se identificassem como alemães e por esse motivo era necessário que falassem alemão e frequentassem a igreja alemã. Os russos queriam que eles se tornassem russos, falassem russo e frequentassem a igreja russa[ciii]. Logo, nas tentativas de germanização e russificação no século XIX, junto às restrições ao idioma polonês, aconteciam também as conversões forçadas de igrejas católicas ao protestantismo alemão e ao cristianismo ortodoxo russo. Sobre essa união indissociável entre religião e pátria, um dos arquitetos da independência do país escreveu:

O catolicismo não é uma adição à existência polonesa, que a colore de uma certa maneira, mas está na essência polonesa. Tentar separar da nacionalidade o catolicismo, a igreja e a religião, é destruir a própria essência da nação[civ]. Roman Dmowski

O regime comunista promovia a anti-religiosidade e buscava ateizar as sociedades sob seu jugo. De fato, obtiveram enorme sucesso nesta tarefa em vários países. Antes da revolução comunista, a Rússia possuía 90 milhões de cristãos, o que significava 72% de toda a população do país[cv]. Já em 1991, quando a União Soviética deixou de existir, 61% dos cidadãos russos declaravam não ter religião alguma. Até hoje muitos dos estados que antes estavam sob influência vermelha estão entre os mais irreligiosos do planeta, como a Estônia, República Checa, Bulgária e Bielorrússia. Surpreendentemente, o mesmo efeito ficou longe, muito longe de acontecer na Polônia. Em 1990, quando o processo de *ateização* comunista já havia deixado efeitos marcantes em grande parte dos países do leste europeu, 36 dos 38 milhões de poloneses afirmavam pertencer à igreja católica. Um incrível percentual de 95%, mesmo após 45 anos de campanha anti-cristã das autoridades marxistas[cvi].

O fracasso dos governantes comunistas em destruir a religiosidade deste povo igual fizeram na vizinha Bielorrússia pode parecer difícil de explicar. Mas alguns fatores podem ser listados, e formam um contraste interessante com o Brasil. Talvez uma das mais interessantes causas da perseverança religiosa dos poloneses são aqueles que orientam os rebanhos de fiéis.

Quarenta e nove missas por semana

A primeira impressão que se tem ao andar pela Polônia é que João Paulo II ainda é o papa que dá as ordens no Vaticano, embora já tenha deixado este mundo há mais de uma década. Nas inúmeras estátuas do pontífice espalhadas pelas cidades, é comum encontrar flores e velas recentemente colocadas pelos fiéis. Em Varsóvia uma das principais avenidas foi rebatizada com o seu nome enquanto ele ainda era vivo. Antes o logradouro tinha o nome do político comunista Julian Marchlewski, mas foi trocado durante o processo de *descomunização*. Não é somente uma avenida que carrega o nome do Papa polonês na zona metropolitana de Varsóvia. São no total 8 ruas, 3 avenidas, 3 rotatórias e 2 praças.

O escritor polonês Czesław Miłosz, um dos maiores poetas do século XX e ganhador do prêmio nobel de literatura em 1980, escreveu os seguintes versos em homenagem ao pontífice[cvii]:

Os estrangeiros não podiam adivinhar de onde veio a força invisível

De um novato de Wadowice. As orações e profecias

De poetas a quem o dinheiro e o progresso desprezavam,

Mesmo os que eram como reis esperavam por você

Para que você, não eles, pudesse anunciar, urbi et orbi.,

Como Miłosz escreveu em seus versos, é difícil para um estrangeiro entender a relação da maioria dos poloneses[cviii] com João Paulo II. Um dos primeiros momentos onde notei a reverência dada ao antigo papa pelos locais foi quando iria inaugurar meu negócio em Varsóvia. Já estava tudo pronto para ser aberto no dia 1 de abril, mas devido ao desconforto de começar minha primeira empresa no dia da mentira, decidi reprogramar a inauguração para o dia 2. Uma das amigas de minha noiva então me alertou que esse dia era um dia importante para os poloneses e que talvez fosse melhor eu evitar, pois foi em 2 de abril de 2005 que faleceu Karol Wojtyla, o papa polonês. Por fim, a abertura foi, de verdade, no dia da mentira.

Existiram outros grandes exemplos de clérigos na Polônia antes de João Paulo II. A lista de padres, vigários, bispos e cardeais ilustres nascidos neste país é extensa, passando por grandes oradores e autores como o contra-reformador Piotr Skarga e o cardeal Stefan Wyszyński. Estes precederam o papa JP II e certamente tiveram um grande impacto em sua figura. De certa forma, é essa influência poderosa carregada de padre para padre e bispo para bispo que garante uma constância entre os clérigos polacos. São poucos e raros os padres revolucionários, e abundantes aqueles que guardam a tradição e mantém o legado que lhes foi transmitido por ilustres religiosos do passado.

A preservação dos ensinamentos oriundos de grandes sacerdotes é justamente o oposto do que aconteceu em terras brasileiras, onde o episcopado local decidiu descartar ou no mínimo ocultar a valiosa herança de padres-pensadores como Antônio Viera em prol de revolucionários em pele de presbítero, como Leonardo Boff, Frei Betto e vários outros. Quando surge um frei que prega ideias abertamente materialistas e contrárias à própria doutrina da igreja se quebra a coerência construída durante séculos de tradição clerical. Essa onda de inovações abruptas, infundamentadas e destrutivas (a ponto de resultar em sanções posteriores contra o Sr. Boff por parte daquele que seria o papa Bento XVI) confunde os fiéis e parte do clero. Se em um primeiro momento, parece positivo um padre-revolucionário como o Frei Betto na lista dos autores mais vendidos, no médio prazo as consequências são catastróficas, pois estes se tornam (maus) exemplos de conduta. A postura de religiosos como Boff[cix] ou Betto, que mais se assemelha a líderes de sindicato do que sacerdotes buscando a salvação das almas vira um modelo para os jovens seminaristas, e alguns acabam por continuar com tais desvios.

O papel essencial de guiar os fiéis foi exercido pela igreja ao longo dos séculos, durante as missas e sermões. E o que deveria ser regra, causou espanto aos meus pais em uma das primeiras vezes que eles me visitaram na Polônia. Minha mãe me perguntou "Filho, à que horas que é a missa de domingo aqui? De manhã ou de noite?". Respondi "A qualquer hora mãe. Tem missa o tempo todo. De domingo e de dia de semana também".

Ela achou que eu estava de brincadeira e perguntou para eu falar a hora certa. Chequei uma igreja nas redondezas: "Nesta igreja no domingo as missas são as 07:00, 08:30, 10:00, 11:30, 13:00, 16:00 e 19:00[cx]". Eles ficaram espantados. 7 por dia! E não era algo exclusivo do domingo, pois de segunda-feira à sábado, também eram 7 celebrações diárias, totalizando quase 50 missas semanais.

Ter 20 missas ou mais por semana é algo comum mesmo em paróquias suburbanas. A admiração dos meus pais vinha do fato que em nossa cidade, a quantidade semanal de celebrações de cada paróquia pode ser contada nos dedos. De uma mão. E a mesma reação de surpresa foi quando contei para os polacos que no Brasil são poucas as igrejas com mais de duas cerimônias aos domingos. A pergunta que um deles fez foi: se *a quantidade de missas é tão pequena no Brasil, o que os padres fazem no resto do tempo?*

Peço ao leitor que pause aqui por um momento e pense na resposta para essa pergunta.

Claro que qualquer explicação arrisca cometer generalizações, já que no Brasil existem cerca de 27 mil sacerdotes católicos[cxi] e certamente essa multidão não é um grupo homogêneo. Mas algumas suposições sobre o tipo mais comum de padre são possíveis, ainda mais quando tomamos como exemplos sacerdotes de grande influência como os mesmos Boff e Frei Betto citados anteriormente. Se os dois se destacaram pelo foco na militância de esquerda, é de se esperar que essa conduta tenha sido repetida. É possível imaginar que no tempo que não rezam as cerimônias litúrgicas, um ou outro padre estará promovendo eventos que apoiem a ideologia de gênero, o uso da maconha *medicinal* ou até mesmo o aborto (que pela própria doutrina católica, é um pecado que clama ao céu por vingança). Isso não é uma mera suposição: a paróquia São Francisco de Assis em Ermelino Matarazzo, São Paulo, que o diga[cxii].

Absurdos como uma paróquia católica validando práticas como o aborto e a ideologia de gênero, ambas condenadas reiteradamente pelo Vaticano, são inimagináveis na Polônia e possíveis no Brasil porquê a tentativa marxista de corromper o clero, embora executada de maneira similar, obteve resultados distintos em cada país.

A infiltração marxista na igreja lá e cá

Em meados do Século XX, ainda em período pré-concílio Vaticano II, as autoridades comunistas de todo o mundo travavam uma guerra incessante contra a Igreja Católica. Essa guerra, já anunciada pelo fato do comunismo ser essencialmente materialista e ateísta, se tornou aberta após o papa Pio XI escrever a encíclica *Divinis Redemptoris*[cxiii], onde condenava os erros marxistas.

Aqui tendes, Veneráveis Irmãos, diante dos olhos do espírito, a doutrina que os comunistas bolchevistas e ateus pregam à humanidade como novo evangelho, e mensagem salvadora de redenção! Sistema cheio de erros e sofismas, igualmente oposto à revelação divina e à razão humana; sistema que, por destruir os fundamentos da sociedade, subverte a ordem social, que não reconhece a verdadeira origem, natureza e fim do Estado; que rejeita enfim e nega os direitos, a dignidade e a liberdade da pessoa humana.

Papa Pio XI

Os comunistas não somente usavam da violência para tentar enfraquecer o catolicismo em seus territórios, mas também recorriam a outras técnicas sórdidas, como a desinformação e a infiltração. E o faziam em escala global.

Na Polônia o governo marxista empreendeu essa guerra anti-católica em 2 frentes de atuação: uma junto ao clero e outra junto aos leigos. Na primeira frente, as autoridades vermelhas passaram a investir nos *księża patrioci* (padres patriotas), também chamados de *księża postępowi* (padres progressistas). Eram movimentos de padres apoiadores do comunismo que foram criados em 1949 pelo *Comissão Central dos Padres* (GKK), órgão também ligado às autoridades soviéticas. Foram selecionados clérigos que tinham especial conflito com o Vaticano e cujo compromisso era de criticar e destruir a igreja por dentro. Uma das palavras de ordem usadas pela GKK para atacar a Santa Sé é familiar ao leitor brasileiro: eles demandavam a *democratização* da Igreja[cxiv].

O movimento passou a publicar, com o apoio do governo, várias revistas com a intenção de minar a unidade da igreja, bem como influenciar a educação nos seminários. E atingiu relativo sucesso, já que em 1952, apenas 3 anos após o seu início, 10% de todos os padres haviam aderido e se tornado *padres progressistas*. Claro que muitos destes o foram por medo, já que o governo oferecia vantagens e apoio econômico aos padres que aderissem, e à aqueles que recusassem, restava a perseguição e cerco.

Na mesma velocidade que os infiltrados comunistas contaminavam a igreja, surgiu uma destemida resistência, liderada por outro clérigo que hoje têm estátuas espalhadas por todo o país: O arcebispo (e posteriormente cardeal) Stefan Wyszyński. Em 1950 ele proibiu a leitura de uma das principais revistas comunistas, chamada *Głos Kapłana* (A voz do capelão) e excomungou os membros da GKK. A luta de Wyszyński contra a infiltração na igreja foi feroz. Em 1953 ele foi preso, após escrever a seguinte frase em uma carta pública: *não devemos colocar as coisas de Deus no altar do imperador! Non Possumus*[cxv]"[cxvi].

Wyszyński foi solto após 3 anos, em 1956, já na função de cardeal. Mesmo preso, ele continuou com suas atividades pastorais e influenciou muitos outros clérigos, como o arcebispo Antoni Baraniak, na luta contra a influência marxista na igreja. As tentativas do governo de suprimir o cardeal surtiram um efeito contrário. A sua prisão aumentou a exposição de seus trabalhos e sermões, enfraquecendo os movimentos de padres apoiadores do marxismo. Por fim, a GKK foi dissolvida em 1955 e o processo de beatificação do *Cardeal do Milênio*, como ele é hoje chamado, foi aberto 8 anos após o seu falecimento, em 1989[cxvii].

Já na frente de atuação junto ao clero, o governo comunista patrocinou a criação da *Stowarzyszenie PAX* (Associação PAX). Esta associação criada em 1947 inicialmente era composta de católicos cuja tarefa era informar os serviços de repressão comunista sobre características do comportamento dos padres e das instituições da igreja. De acordo com o historiador polaco-britânico Norman Davies, ela era uma organização de fachada da NKVD (que depois viria a se transformar em KGB) criada para conquistar os católicos para o comunismo e romper seus vínculos com o Vaticano[cxviii].

Poucos anos após a criação, a PAX passou a receber do governo ativos confiscados. Em 1953, os donos de uma principais revistas conservadoras católicas do país (*Tygodnik Powszechny*) se recusaram a publicar o obituário do ditador comunista Josef Stálin[cxix]. O governo tomou a revista e repassou ela para a associação. O mesmo foi feito com a organização de caridade *Caritas*. Com uma grande revista e um orgão de caridade, agora a associação de "católicos" apoiadores do governo comunista tinha o poder necessário para passos mais ousados em sua tarefa de destruir a Igreja, como forçar a condenação à pena de morte de 4 padres anti-comunistas de Cracóvia[cxx].

Igual no caso da prisão do cardeal Stefan Wyszyński, a violência contra clérigos terminou por fortalecer a comunidade católica. Embora a PAX não tenha se dissolvido igual a GKK, a partir de 1955 ela sofreu uma debandada de membros e teve sua importância reduzida.

Se a Igreja católica na Polônia resistiu e se manteve íntegra perante as repetidas tentativas de manipulação e quebra de seus princípios, o mesmo não pode se dizer da igreja brasileira. Talvez pouco preocupada com os ataques vindos do lado de lá das fronteiras, virou presa de oportunistas que estavam dentro de casa.

A investida marxista contra a igreja católica no Brasil ocorreu algumas décadas depois das tentativas mencionadas na Polônia, mas não de maneira muito distinta, ou seja: por meio de padres infiltrados em seminários, publicações e organizações leigas. Mas o seu maior expoente no país (e em toda a América latina) foi a *Teologia da Libertação*. Citando entrevista do ex-general da polícia secreta romena, Ion Mihail Pacepa:

O movimento nasceu na KGB e teve um nome inventado pela KGB: Teologia da Libertação. Durante esses anos, a KGB teve uma tendência pelos movimentos de "Libertação". O Exército de Libertação Nacional da Colômbia (FARC), criado pela KGB com a ajuda de Fidel Castro; o Exército de Libertação Nacional da Bolívia, criado pela KGB com o apoio de "Che" Guevara; [...]em 1968 a Conferência Cristã pela Paz criada pela KGB, apoiada em todo mundo pelo Conselho Mundial da Paz, foi capaz de manipular um grupo de bispos sul-americanos da esquerda dentro da Conferência de Bispos Latino-americanos em Medellín (Colômbia)..[cxxi]

Embora na entrevista Pacepa não deixe claro quais foram os bispos manipulados pelos soviéticos, é possível encontrar alguns nomes e entre os organizadores um brasileiro: o arcebispo cearense Dom Hélder Câmara.

21 anos antes dos eventos na Colômbia, o então padre Hélder era próximo da *Juventude Universitária Católica*, JUC, cuja militância já demonstrava proximidade com o marxismo-leninismo. Como escreveu o italiano Julio Loredo para a agência *Corrispondenza Romana* em seu artigo *Chi era davvero Dom Helder Câmara?*[cxxii]:

A revolução comunista em Cuba (no ano de 1959) foi recebida com entusiasmo pela JUC. De acordo com Haroldo Lima e Aldo Arantes, líderes da JUC, "o ressurgimento das lutas populares e o triunfo da revolução cubana em 1959 abriu a ideia de uma revolução brasileira à JUC". O deslize para a esquerda foi muito facilitado pela cooperação da JUC com a UNE (União Nacional de Estudantes), muito próxima ao Partido Comunista. "Como resultado de sua militância no movi-

mento estudantil – prosseguem Arantes e Lima – a JUC foi forçada a estabelecer uma agenda política mais ampla para os cristãos de hoje. Foi assim que, no Congresso de 1960, foi aprovado um documento (...) no qual se anunciava a adesão ao socialismo democrático e à idéia de uma revolução brasileira".

Este foi apenas um dos momentos da carreira do bispo que em múltiplas ocasiões tomou posições contrárias à igreja católica, como na sua defesa do divórcio ou chamando de *preconceito masculino* a impossibilidade de mulheres sacerdotes. Porém foram suas palavras sobre política as que mais demonstraram uma ligação com pensamentos de esquerda. Em 1962, o bispo defendeu o regime cubano de Fidel Castro e Che Guevara e solicitou a readmissão de Cuba na OEA (Organização dos Estados Americanos). Em 1969, em Nova Iorque, ele pediu que a União Soviética mantivesse suas forças bélicas afim de combater *o imperialismo* (como se a própria União Soviética não tivesse aspirações imperialistas). O mais chocante episódio aconteceu em junho de 1968, quando um documento feito no Instituto Teológico do Recife veio a tona. Naquela época Dom Hélder Câmara era o arcebispo de Olinda e Recife e portanto responsável pelo instituto.

O documento de Recife afirmava que a propriedade privada é injusta, que toda hierarquia (inclusive na igreja) deveria ser substituida pela igualdade total, propunha uma revolução que instalaria a *ditadura popular* bem como a censura de expressão e finalmente, para que tais idéias fossem postas em prática, justificava o caminho da violência e das armas. As afirmações eram tão claramente revolucionárias e socialistas que geraram uma oposição imediata dos que lembravam que o marxismo já foi condenado pelo Papa Pio em 1949. Confrontada, a cúria de Olinda e Recife admitiu a autoria do documento, mas disse que ele não era *oficial*[cxxiii].

Entre os católicos indignados estava um paulistano quase da mesma idade do Arcebispo de Olinda e Recife: Plínio

Corrêa de Oliveira, que foi deputado da constituinte de 1934 pelo partido Liga Eleitoral Católica e já na época escritor de um best-seller conservador traduzido para mais de 10 idiomas chamado *Revolução e Contra-Revolução* (o qual eu recomendo para o leitor que deseja se aprofundar sobre os efeitos sombrios dos revolucionários em nossa civilização).

Plínio denunciou os desvios marxistas de Dom Helder Câmara em seu manifesto intitulado *O Arcebispo vermelho abre as portas da América e do mundo para o comunismo*, publicado na revista Catolicismo, fundada pelo próprio.

Essas declarações contidas no discurso de D. Helder delineiam toda uma política de entrega do mundo, e mais particularmente da América, ao comunismo. Estamos assim diante desta realidade estarrecedora: um Bispo da Santa Igreja Católica Apostólica Romana empenha o prestígio [...] para tentar a demolição de bastiões dos mais preciosos da defesa militar e política do mundo livre contra o comunismo. Contra o comunismo, sim, que é o mais radical, o mais implacável, o mais cruel e o mais insidioso dos inimigos que jamais investiram contra a Igreja e a civilização cristã.

O embate entre o arcebispo e o escritor teve outros episódios. O grupo capitaneado por Plínio na edição da revista *Catolicismo* deu origem em 1960 à Sociedade Brasileira de Defesa da Tradição, Família e Propriedade, a TFP. Foi por meio deste grande projeto do escritor que se desenvolveu uma das mais ferrenhas oposições ao progressismo infiltrado na Igreja. Com quadros compostos até mesmo por membro da família real, a TFP representou uma forte oposição à cartilha marxista e revolucionária de políticos e clérigos como Dom Helder Câmara.

Os livros escritos por seus membros frequentemente superavam os seis dígitos de tiragem, como por exemplo as publicações *Baldeação Ideológica Inadvertida e Diálogo* (136 mil exemplares distribuídos)[cxxiv], *Frei, o Kerensky Chileno* (129 mil exemplares) ou a coleção *Diálogos Sociales* (460 mil exemplares)[cxxv].

Demorou 40 anos para que outro autor conservador brasileiro, Olavo de Carvalho, alcançasse cifras comparáveis com similar frequência. Portanto, sem grande dúvida, é possível afirmar que o maior adversário do *Arcebispo Vermelho* foi Plínio Correa de Oliveira.

Infelizmente, após a morte de seu fundador, a TFP no Brasil se esfacelou em intrigas e conflitos internos. Mas ao mesmo tempo que se desmantelava no país, a organização crescia no mundo, se espalhando por 26 países. Se o progressismo marxista disfarçado de católico, personificado por homens como Leonardo Boff e Frei Betto, junto com a *intelligentsia*[cxxvi] Uspiana ganhou a batalha em território nacional, no resto do mundo a história foi outra. Os ideais da TFP se espalharam de tal modo que em todos os continentes do planeta existem grupos similares. E em um dos lugares onde ela alcançou maior sucesso foi justamente na Polônia.

As ideias de Plínio inspiraram a criação de 2 grupos: A Associação cultural cristã Padre Piotr Skarga, fundada em 1999, na cidade de Cracóvia, e o Instituto de cultura legal Ordo Iuris, criado em 2013 em Varsóvia. O brasão de ambos ser um leão dourado não é coincidência: é esse também o símbolo escolhido pelo fundador da TFP[cxxvii]. A segunda instituição é uma sociedade de advogados, promotores e similares voltados para a proteção e promoção dos valores católicos, com resultados incríveis na luta contra o aborto. Já a primeira organização, entre outras atividades e eventos, publica uma importante revista semanal chamada *Polonia Christiana*, possui uma editora e um dos *sites* mais visitados da Polônia[cxxviii], o portal católico Pch24.

A Associação cultural cristã Padre Piotr Skarga, inspirada pelo brasileiro Plínio Corrêa de Oliveira, continua a colaborar (junto com outras organizações) para que a Polônia tenha algo que, por uma ironia do destino, praticamente inexiste no país de origem de Plínio: uma mídia católica séria e de grande alcance.

A imprensa católica e o fiel de cada país

O Brasil não é totalmente carente de uma imprensa cristã. Porém as que são de largo alcance, como a Rede Record de televisão e empresas associadas, não são católicas, e as que o são tem alcance restrito e/ou pecam pela falta de seriedade em certos momentos. Exemplos são fartos, como a ocasião em que o canal Rede Vida, sob supervisão do Arcebispo do Rio de Janeiro Dom Orani Tempesta, convidou para um de seus programas uma cantora de *funk* vestida em trajes sumários[cxxix].

Na mídia impressa a situação é ainda mais desesperadora. Entre as revistas de maior circulação no Brasil inexiste uma única que seja católica. Isso no país onde foi fundada uma das revistas mais lidas deste tema (a *Catolicismo* de Plínio Corrêa de Oliveira). O mercado editorial é marcado pela versão modernista e até mesmo herética do catolicismo, exemplificado pela constante defesa que a editora *Paulinas* faz da *Teologia da Libertação* em suas publicações[cxxx].

Com a total inexistência de grandes revistas ligadas à religião, canais de TV "católicos" cujas atrações são cantoras de música erótica de biquíni e editoras que publicam ideologia marxista disfarçada de teologia cristã, o católico brasileiro fica desorientado e carente de informação, no mínimo. No pior dos casos, é até mesmo direcionado para religiões com métodos mais incisivos de proselitismo (como os da própria Rede Record) ou o puro e simples ateísmo *new-age* da Rede Globo de televisão.

Contrastar essa triste realidade brasileira com uma banca de revistas na cidade polonesa de Katowice foi motivo de surpresa para o meu pai. Era um quiosque de jornais e revistas da rodoviária municipal, e eu mostrei ao *Sêo Valdemar* que das 4 prateleiras, a primeira e quase toda a segunda eram apenas de revistas católicas. Contamos 9 títulos diferentes, no que ele comentou "E no Brasil é difícil achar um". Somados ao enorme alcance dos periódicos está o mercado editorial, onde capelães, padres e bispos produzem livros com frequência, e os sistemas de rádio e televisão.

A rádio mais ouvida na Polônia se chama Radio Maryja (leia-se "Maria"), cujo conservadorismo até mesmo já resultou em rusgas com parcelas mais progressistas e liberais da igreja[cxxxi]. A mesma fundação que mantém esta rádio também tem um canal de televisão chamado *TV Trwan* e o mais curioso de todos os seus empreendimentos é uma faculdade de cultura midiática e social, voltada para formar comunicadores. Todos estes negócios estão ligados a fundação *Lux Veritatis*, fundada pelos padres Jan Król e Tadeusz Rydzyk.

Com essa enorme oferta de conteúdo católico nas bancas, livrarias, rádio e TV, é natural que parte do conteúdo seja de qualidade questionável, mas também exista um sólido fluxo de bons escritores e questões relevantes para a igreja. Toda essa mídia torna o cidadão polonês muito mais próximo de sua fé, pois basta ele buscar uma agência dos correios – que todas as agências contenham um excepcional acervo de livros católicos é algo digno de menção – ou jornaleiro nas redondezas. Essa proximidade é intensificada pela quantidade de missas diárias em cada paróquia e pelas manifestações que a igreja e a mídia católica convocam quando necessário, e que mobilizam multidões.

Um exemplo foi o evento ocorrido em outubro de 2017, intitulado *Rosário pelas fronteiras*, onde cerca de um milhão de católicos fizeram uma enorme corrente nas fronteiras do país rezando pela preservação moral da nação e pela continuidade do cristianismo na Europa frente à ameaça islâmica[cxxxii]. Essa imensa demonstração de fé somente foi possível por causa da ação conjunta de párocos que anunciaram o ato após as várias missas semanais, bem como a difusão pelos meios da imprensa ligados ao catolicismo.

Ainda que de acordo com o censo do IBGE de 2010, praticamente dois terços do Brasil sejam católicos, a capacidade de mobilização da igreja não espelha tal domínio demográfico. De fato, excluído festas regionais como o Círio de Nazaré ou visitas de autoridades como o Papa, o evento religioso que salta aos olhos pelas multidões que atraí é a *Marcha para Jesus*, realizada pelas igrejas evangélicas em São Paulo. O motivo pelo qual os protestantes, ainda que minoria, conseguem movimentar tamanha profusão de gente é, parcialmente, o mesmo motivo pela qual a igreja católica na Polônia consegue: eles têm um aparato midiático, do qual a Rede Record é o mais evidente, mas não o único, e uma frequência de cultos bastante elevada. Claro que a comparação se restringe a estes fatores de ordem mais quotidiana, pois não cabe, de modo algum, comparar a influência do protestantismo no *ethos* brasileiro com o impacto do catolicismo na formação nacional polonesa.

Como a igreja de lá e de cá respondem aos ataques do mundo

Desde a década de 60, é possível diferenciar a maior parte do clero católico em 3 tipos, conforme a maneira que eles respondem às ameaças contra a igreja:

O primeiro tipo são os clérigos abertamente progressistas, alguns dos quais ativamente envolvidos nas reformas mais radicais pós-Concílio Vaticano II[cxxxiii]. Neste grupo, além do já mencionado Dom Hélder Câmara, há uma grande fileira de influenciados por este no Brasil e no mundo. Alguns destes sacerdotes até promovem, sem grande pudor, ideias que em outras ocasiões resultariam em sanções pelas autoridades católicas, mas hoje aceitas em nome da tal *tolerância*.

O segundo grupo é o oposto do primeiro: sacerdotes que mantém a coerência com a doutrina tradicional católica e se opõem firmemente à movimentos anti-cristãos tais como o abortista, LGBT, ideologia de gênero ou marxismo-leninismo (este último associado aos teólogos da libertação). No aspecto litúrgico, alguns destes inclusive celebram a missa no ritual pré-conciliar (também chamado de *tridentino*), outros no ritual pós-conciliar (*Novus Ordo*), mas todos guardam a semelhança de perseverar nos princípios da Igreja ao invés de adotar posições contrárias para agradar à imprensa.

O terceiro grupo, em geral mais numeroso, é o de clérigos que não são abertamente progressistas e nem tradicionais, mas seguidores do espírito do momento e reproduzem a postura das autoridades de sua diocese e instâncias superiores. Não escrevo isso de maneira pejorativa, e possivelmente esta parcela do clero ao longo da história foi a mais numerosa, o que colaborou para os mais de dois mil anos de coesão eclesiástica.

Este terceiro grupo, que chamarei de padres neutros, existe em grande quantidade tanto no Brasil quanto na Polônia. A diferença no estado da igreja católica nos dois países se dá em razão do número de padres no primeiro grupo (progressistas) e no segundo (tradicionais). Em terras brasileiras, religiosos do grupo progressista abundam e dominam as mais altas esferas eclesiais, como vemos de maneira tão clara pelas consecutivas gestões da CNBB. Não somente eles dominam as estruturas hierárquicas da igreja nacional, mas também tem uma produção literária farta, lançando livro atrás de livro que preenchem as prateleiras dos seminários, algo que o ex-frei marxista Leonardo Boff já fazia ao publicar 3 livros por ano. Já a oposição aos modernistas no Brasil é pequena e com raras exceções, como o Padre Paulo Ricardo de Azevedo, escrevem pouco e se restringem às redes sociais e *blogs*.

Felizmente os padres progressistas na Polônia estão distantes da hegemonia que alcançaram na América Latina, são poucos e em sua maioria se restringem às revistas e canais de cunho revolucionário que os usam para tentar atrair um católico desavisado para essa versão distorcida da igreja. Às vezes são até mesmo trazidos do exterior por essas revistas, que buscam sacerdotes que tenha opiniões um tanto mais liberais quanto ao aborto ou ao casamento LGBT, e tentam construir uma imagem de "reformador" em torno do sujeito. Algo que nós brasileiros estamos acostumados a ver em nossa imprensa (que joga pelo mesmo manual da imprensa revolucionária-progressista polonesa, com maior sucesso).

Já pedindo licença para uma evidência um tanto anedótica, mas que ilustra essa raridade de padres progressistas em terras polacas, em Varsóvia creio que já estive em missas dominicais em ao menos 15 igrejas distintas, e em apenas uma pude presenciar um progressismo similar ao que via no Brasil. Isso em uma igreja cuja missa não era feita em idioma polonês, pois nas que o são, eu sempre vi padres, no mínimo, neutros ou até mesmo tradicionais.

Não é somente nas igrejas dos bairros e vilas que a existência de padres tradicionais supera com razoável vantagem a de padres progressistas. É também no meio impresso, como citado anteriormente, no radiofônico, televisivo (ainda que certos canais sob controle alemão tentem promover uma versão deturpada de uma igreja que tolera todo tipo de desvio, no melhor estilo Rede Globo) e nas livrarias, já que muitos destes padres conservadores escrevem e publicam obras em um ritmo quase inacreditável considerando a alta quantidade de missas semanais que um sacerdote celebra na Polônia.

Essa energia das fileiras anti-revolucionárias da igreja polonesa, nutrida pelos bons exemplos de religiosos como o padre Piotr Skarga, cardeal Wyszyński ou Papa João Paulo II serve de lição para nós brasileiros, principalmente (mas não somente) os católicos. Se quisermos interromper o estado de decadência de nossa sociedade, é elementar que primeiro olhemos quem admiramos, nossos modelos de conduta: O arcebispo vermelho Dom Helder Câmara, ou padres como Paulo Ricardo de Azevedo e escritores do quilate de Plínio Corrêa de Oliveira?

CAPÍTULO VII – O ENSINO

Preparação para o serviço à sociedade

Se o leitor frequentou o ensino primário ou secundário a partir dos anos 90, como eu, acredito que em algum momento escutou a ladainha de certos educadores sobre a importância de formar o raciocínio crítico, capacidade de julgamento do estudante e coisas do tipo. Discurso que esconde propósitos muito mais sinistros especificados em detalhes nas cartilhas do cérebro-maior de nosso sistema educacional, Paulo Freire.

Em contraste, o ensino polonês foca no estudo de fatos, desenvolvimento do raciocínio lógico-matemático e da capacidade linguística. Um jovem de 15 anos aprenderá temas como física e astronomia, tecnologia da informação e tecnologia geral. Assuntos com maior caráter subjetivo, como sociologia ou educação sexual, ficam em segundo plano e inexistem em grande parte das escolas. Assim se tornam improváveis os artifícios que pedagogos esquerdistas usam, sob o título de *problematização social*, para incutir o ideário marxista-cultural em nossa juventude. É possível tornar uma aula de sociologia em um show de bobagens *foucaultianas* ou perversões *sartreanas* (embora a esquerda brasileira prefira se restringir à produção local de entulho intelectual, como Marilena Chauí). Mas deturpar temas como física e astronomia é mais difícil, embora não impossível, como provou a própria Marilena Chauí ao se meter a falar de física quântica[cxxxiv].

Adentrando no ensino médio, o estudante polaco tem duas possibilidades: optar pelo ensino na forma de liceu, onde ele estuda com vistas a entrar em um curso superior tradicional, ou um curso técnico como mecânica, ou informática. Dessa forma, o rapaz já pode contribuir com a sociedade e não raramente ser melhor remunerado do que seus colegas que optaram por um curso superior, dado a carência de técnicos.

Por outro lado, a garotada brasileira, após anos aprendendo relativismos culturais, educação sexual e bandidolatria disfarçada de sociologia escrita por uspianos como Vladimir Safatle, sai das escolas muito bem preparada para... dar uma opinião sobre tudo e defender sistemas e ideias fracassadas que onde foram implantadas, causaram fome e morte.

A prevalência na transmissão de fatos e conhecimento ao invés de opiniões não é a única diferença do ensino polaco para o brasileiro. Algumas matérias comuns entre os dois países, como artes e música, guardam em seu conteúdo contrastes imensos, exemplificados por fatos grotescos, como quando uma instituição de ensino brasileira chamou a funkeira Valesca Popozuda de "grande pensadora contemporânea" e usou um de seus versos (*Se bater de frente é só tiro, porrada e bomba*) em uma prova estadual[cxxxv].

A Alta cultura desde cedo

O ensino de artes e letras clássicas aos jovens na Polônia não é algo recente, e está diretamente ligada à imensa influência da Igreja Católica na formação nacional. Em 1364 o Papa Urbano V viabilizou a abertura da Academia de Cracóvia, uma das 20 escolas de ensino superior mais antigas do mundo, cujas lições eram ministradas nas igrejas e catedral da cidade. No século XVI, enquanto Pedro Álvares Cabral e sua trupe exploravam a costa baiana, 90% das paroquias da região oeste e sul do país possuíam escolas primárias onde se ensinava gramática e latim[cxxxvi]. Essa aliança entre monarquia e igreja para a formação intelectual e cultural do povo se refletiu pelos séculos vindouros.

Um dos resultados foi a sobrevivência do espírito nacional durante os séculos que o país não esteve no mapa. Ainda que as fronteiras tivessem sido apagadas, os dramas de Juliusz

Słowacki ou os versos trágicos de Zygmunt Krasiński estavam presentes em muitas casas e neles subsistiam a esperança de retorno da independência. Este patrimônio cultural não se restringe aos vários escritores, mas se estende por outros campos das artes como a música, onde nomes como o do compositor e pianista Frederic Chopin ou de Stanislaus Moniuszko contribuíram para a sobrevivência do sentimento de *ser polonês* . Este último, inclusive, é conhecido como o pai da ópera nacional e recheava suas obras de temáticas patrióticas. Recentemente a estação central de Varsóvia foi rebatizada em sua homenagem. Estes e outros grandes heróis da cultura nacional se tornam acessíveis ao jovem por meio da introdução de suas obras nas aulas de artes e música nas escolas, e assim é transmitida a herança artística da pátria.

Na Polônia também existem artistas simplistas e músicas depravadas. Da mesma forma que temos uma Valesca Popozuda, os polacos possuem um *Popek*. Mas ao contrário do Brasil, é impensável[cxxxvii] que as obras do mesmo ocupem espaço na grade curricular, quanto mais ser colocado no rol dos grandes pensadores igual foi a funkeira carioca.

Observar esta transmissão da alta cultura polonesa através das gerações me leva a apontar um erro comum de alguns setores da direita brasileira, que é um desprezo para com o ensino das artes às nossas crianças. Poucas são as reações dos conservadores quando pedagogos tanto do ensino público quanto o privado, sob a desculpa de "popularizar a leitura", eliminam das aulas de literatura nomes como Álvares de Azevedo ou livros como *O Guarani.* Sem gênios dessa estirpe, se perdem obras-primas que colaborariam para a formação e afirmação de nossa identidade nacional, do espírito de nosso povo e do senso de unidade de nossa pátria.

É imensa a contribuição de autores como José de Alencar, ou personagens como a família formada pela índia Iracema, o branco Martin e o filho caboclo Moacir, o primeiro brasileiro miscigenado, para explicar aos jovens quem são os brasileiros, com clareza superior à várias lições de história ou geografia. O mesmo vale para os poemas de Gonçalves Dias ou para a prosa épica de Euclides da Cunha. Cada um destes nomes (e outros mais) poderiam servir de alicerces para a construção e florescimento da alta cultura nacional. Mas nosso sistema de ensino prefere relegá-los à um segundo plano e substituí-los por *Racionais MCs*, que foi solicitado como literatura poética obrigatória para o mais recente vestibular da Unicamp e da UFGD[cxxxviii].

Como contraste, no exame geral polonês (*matura*) aplicado para concluintes do ensino médio no ano que este livro é escrito, a literatura exigida são o poema medieval "Mãe de Deus" *(Bogurodzica)*, uma seleção de obras do autor renascentista Jan Kochanowski, dois textos do século XIX do poeta nacional polonês, Adam Mickiewicz, bem como o romance "A Boneca" de Boleslaw Prus. Pouco tempo atrás tive interesse em ler este último no idioma polaco original, no que fui alertado pela minha mulher sobre sua alta complexidade linguística. Apesar disto, um livro de prosa tão intrincada é lido por milhares de jovens poloneses todos os anos[cxxxix].

Ironicamente, no Brasil os mesmos setores da direita que estão muito cientes da existência de uma guerra cultura empregada, pela esquerda, contra a sociedade e suas tradições também negligenciam aquela que poderia ser a mais formidável arma neste combate: o nosso próprio patrimônio literário e musical. Se os marxistas usam Jorge Amado em *Capitães de Areia* para glorificar a criminalidade, deveríamos contra-atacar com Augusto Matraga, o herói de Guimarães Rosa que larga uma vida de maldades e se transforma em um homem bom. Se professores de tendências canhotas procuram mostrar para nossas crianças que arte são as letras depravadas de um *funk*, que apresentemos aos pequenos já na tenra idade os acordes de *O Guarany* de Carlos Gomes. Dizer que arte e música não deveriam ter lugar na escola não é apenas uma defesa inócua, é suícidio cultural.

O papel da família e da igreja no ensino

Já clara a diferença entre educação (processo de formação da personalidade e capitaneado pela família) e ensino (transmissão de conhecimento à cargo da escola), é importante fazer um adendo: é comum que a família também esteja presente neste segundo. E talvez seja esta a grande razão pela qual na Polônia inexistem aulas de *educação sexual* para crianças, muitas delas pré-puberdade, igual no Brasil[cxl]. Certa vez contei para a Marta sobre um ocorrido no estado do Sergipe. Um professor colocava crianças de educação infantil (idade até 5 anos) para rebolar ao som de uma música funk[cxli] cuja letra era "*As novinha saliente, fica loucona e se joga pra gente, vai com o bum bum tam tam*". Ao ver o vídeo dos pequeninos dançando posições altamente sexualizadas ela exclamou: "Onde estão os pais destas crianças? Se fosse aqui isso geraria uma revolta!".

Justiça seja feita, ao menos uma mãe destas crianças se revoltou e por isso esta aberração veio a público. Mas quantos outros casos similares ocorrem no Brasil e os pais, cegos por uma confiança irrestrita na figura do professor (oriunda de um passado onde a nobre profissão era exercida de outra forma) ignoram métodos subversivos usados para sexualizar seus filhos? Muitos destes familiares, por negligência ou até preguiça, responderiam que não existe nada de errado em ver uma criancinha rebolar igual uma dançarina erótica ao invés de brincar de bonecas.

Neste caso me refiro a familiares e não somente o pai ou mãe pois, dado o *hiato* generacional existente em inúmeros países em termos de educação (entre eles o Brasil) nem sempre é possível para o pai ou a avó ajudar os filhos com as lições de ciências. Essa foi uma das mais positivas surpresas que tive na Polônia, vendo, por exemplo, o cuidado com que minha mulher ajuda o irmão mais novo com a lição de casa.

O envolvimento familiar é uma constante. Vem desde os

avós com a experiência prática na disciplina, passando pelos país e o papel de autoridade, e os irmãos mais velhos com a tutoria e acompanhamento estudantil. Dessa forma, ainda que um professor mais engraçadinho decida trazer abominações *marcusianas*[cxlii] ou ideias marxistas que não contribuam em nada para o intelecto dos pupilos, rapidamente essa atitude será detectada por alguém da família que trará o delito à tona. Por isso concluo que mais do que projetos de lei como o *Escola sem partido*, a participação familiar e a vigilância constante é o primeiro passo para evitar que os colégios se tornem uma fábrica de revolucionários mentecaptos.

Além da vigilância da família, existe também outra instituição que cuida para que as escolas mantenham o mínimo de decência e respeito às tradições locais (ao contrário do Brasil, onde professores passaram até mesmo a ridicularizar as obras de Monteiro Lobato sob a desculpa ridícula de combater o racismo[cxliii]). Esta instituição é a Igreja.

As escolas polonesas têm aulas optativas de religião que são ministradas por padres católicos. Para aqueles que professem outra fé ou simplesmente não queiram assistir tal matéria, é possível optar por lições de ética no lugar. Ainda assim, de acordo com a Conferência Episcopal Polonesa, no ano de 2015, 87% das crianças e jovens assistiram às aulas ministradas pelos sacerdotes[cxliv], que são pagos como qualquer outro professor. Mesmo que partidos de esquerda radical contestem tal prática. Até durante as partições, quando a maior parte do território estava sob domínio de dois países não-católicos (Rússia e Alemanha), ainda assim era permitido às crianças participarem de lições religiosas. O único período na história recente polonesa onde o ensino religioso nas escolas foi completamente proibido ocorreu – que grande surpresa! – no comunismo do século XX, mais especificamente entre 1961 e 1990. Em 1991, ao retornar, cerca de 50% da população era favorável ao ensino religioso. Esse percentual subiu para 72% em 2012[cxlv].

Considerando o fator optativo das aulas (que são obrigatórias para o aluno somente se os pais exigirem junto à escola), é natural concluir que uma participação tão alta signifique que grande parte da população vê de maneira positiva os padres-professores. Significa que a maioria do povo confia nestes para a transmissão de conhecimento sobre assuntos que transcendem o campo intelectual e influenciam no espiritual e na formação. Essa é provavelmente a única situação em que o sistema educacional polonês vai além de ensinar e, com o aval dos pais, passa também a educar. Um contraste imenso com o Brasil onde a educação compulsória desrespeita a vontade de muitos que não desejam ver as suas filhas rebolando ao som de um *batidão* antes mesmo de aprender a conectar sujeitos e predicados.

Gastando o dobro para continuar entre os últimos

Enquanto esse livro é escrito, os últimos resultados do teste PISA (sigla em inglês para Programa Internacional de Avaliação de Alunos), medição de desempenho escolar feita em 72 países, aponta a Polônia como a 17ª melhor país em matemática, 13.ª em leitura e 21.ª em ciências. Considerando que todas as primeiras posições do ranking são dominadas por países asiáticos cuja tradição de estudos exigentes e até mesmo o idioma ajudam no sucesso em algumas matérias[cxlvi], o resultado já é expressivo. Quando avaliados somente os países ocidentais, os polacos possuem uma posição ainda mais respeitosa: 10.ª em matemática, 8.ª em leitura e 14.ª em ciências, ficando à frente de lugares muito mais ricos como Noruega, Suécia, Áustria e França. A posição do Brasil no último ranking foi de 67.ª em matemática, 61.ª em leitura e 65.ª em ciências[cxlvii], mas acredito que isto não deve ser uma surpresa para o estimado leitor.

A primeira justificativa que pode vir a mente de alguns (principalmente aqueles acostumados à repetição de jargões sindicais) é que essa diferença existe em razão do baixo investimento brasileiro em educação. Isso é uma simplificação grosseira da realidade que ignora um dado de grande relevância: o investimento em educação (gasto por aluno) no Brasil aumentou mais de 97% durante o governo PT[cxlviii]. No entanto, apesar de quase o dobro do valor investido, não houve melhoria significativa dos indicadores de desempenho dos estudantes e em certos casos pioraram, como comprovado pelo teste PISA citado no parágrafo anterior.

Quando se duplica o valor gasto por estudante, mas ainda assim eles acabam saindo da escola mais ignorantes, é porque existe algo muito errado na maneira que esses recursos estão sendo investidos. Arrisco dizer que ainda que derramássemos caminhões cheios de dinheiro em espécie na diretoria de cada escola pública, a ajuda seria pouco ou nenhuma.

Algumas particularidades polonesas favorecem um ensino com gastos mais eficientes. Um exemplo é a ausência de uniformes escolares (algo que talvez não funcione bem no Brasil), restando aos pais a responsabilidade de garantir que crianças não usem roupas impróprias em ambiente escolar, e mesmo que estes não o façam, a própria cultura e clima não é muito favorável para extravagâncias e nudez.

Outro argumento que pode ser usado, erroneamente, para justificar a diferença entre o 8ª lugar no exame PISA da Polônia e a 61ª do Brasil é que talvez lá os professores recebam salários muito melhores. Errado também. No momento que vos escrevo, o salário base para professores da rede pública contratados em tempo integral no Brasil é 0.74% maior do que o polonês[cxlix], mesmo com o custo de vida similar[cl]. Tendo ambos os países salários semelhantes, é possível afirmar que existe até mesmo uma razoável injustiça, dado que o corpo docente responsável por um dos melhores sistemas de ensino público do mundo ganha o mesmo que o de um dos piores.

Mais do que a falta de investimentos, questionável é como se investe, e para isto farei uma comparação com o país que é tema deste livro. Um estudante da oitava série do ensino básico na Polônia (uma criança ao redor de 13 ou 14 anos) tem seu tempo em sala de aula dividido da seguinte forma: 17% com gramática&literatura, 17% com idiomas estrangeiros, 14% com matemática, 14% com educação física, 14% com biologia, química e física, 6% com tecnologia e primeiros socorros e 3% com artes. História, geografia e sociologia juntas somam os 14% restantes[cli].

Já um estudante brasileiro da mesma idade terá uma grade muito similar na maioria das matérias, porém com 2 grandes diferenças: sua carga horária de educação física é de apenas 7% da grade curricular, comparado aos 14% do estudante polonês, enquanto, por outro lado ele fica quase o dobro do tempo estudando história&geografia: 27% do tempo total em sala de aula[clii].

Embora inexistam pesquisas nestes termos, afirmo com razoável segurança que o estudante médio polaco – mesmo gastando muito mais tempo jogando bola do que estudando história e geografia – conhece mais sobre a formação histórico-geográfica de sua nação do que o estudante brasileiro que, com sorte, não dirá que nossa independência é em 15 de novembro. Se mesmo ocupando tanto tempo em sala de aula, tão pouco sabem nossos alunos, o que de fato eles aprendem?

Paulo Freire e a escola como formação de crackudos.

Quando eu ainda estava no colegial, lá nos anos 90, o que se ouvia de Paulo Freire era restrito aos círculos pedagógicos e geralmente em tom lisonjeiro. De fato, desde a redemocratização do Brasil nos anos 80, quase tudo que se lia ou ouvia era positivo sobre o educador pernambucano, com raras exceções. Desde elogios sobre as técnicas pedagógicas até sobre a possibilidade dos métodos de Freire elevarem o Brasil a uma potência intelectual.

Deu tudo errado. E nossa educação desce a pirambeira

dos *rankings* internacionais como um carrinho de rolimã desgovernado desde a popularização da *Pedagogia do Oprimido*, nome do ideário e da obra prima de Paulo Freire. Tudo isso gastando mais, muito mais. Em um tratamento médico, ou empreendimento quando uma estratégia dá resultados completamente errados as partes reavaliam suas ações e mudam a direção de seus atos. Mas não no Brasil. Aqui insistimos no equívoco. O que tem de tão errado com Freire?

O pernambucano, adepto da ideia de implantação da luta de classes no ambiente escolar (ensinar crianças pra quê, quando você pode torná-las guerrilheiras, certo?) afirmava que não existia educação neutra. Ou o professor estava do lado dos oprimidos e das classes mais baixas, ou a serviço da burguesia e dos dominantes. Tal alegação estapafúrdia resultava que todo o conteúdo escolar deveria ser politizado, até assuntos à primeira vista distantes, como as ciências biológicas. Neste pensamento grotesco está a principal origem da doutrinação marxista nas escolas do Brasil. No lugar de preparar cidadãos comprometidos com as regras vigentes e o bem-estar da sociedade, o modelo proposto pela *pedagogia do oprimido* forma soldados dispostos a propagar o marxismo e, mais recentemente, as políticas divisivas do neomarxismo. Esta tarefa começa com a própria formação dos professores, que na doutrina de Freire devem ser atores políticos e não transmissores de conhecimento, como ele deixou bem claro em um de seus livros[cliii]:

É nesse sentido que os órgãos de classe deveriam priorizar o empenho de formação permanente dos quadros do magistério como tarefa altamente política e repensar a eficácia das greves

O pedagogo deixa claro que seu método não é para professores que queiram apenas ensinar química, biologia ou geografia, e se refere com desprezo ao ensino tradicional destas matérias, o chamando de *educação bancária*[cliv]. Pois Freire não se contenta, e nem mesmo deseja, a formação de professores que priorizem a ciência e o intelecto. Sendo assim, não deveria ser surpresa alguma que décadas da aplicação contínua de seus métodos resultaram no apodrecimento de nosso sistema de ensino e na queda abissal do nível de nossos estudantes quando comparados ao resto do mundo.

A escolha de Paulo Freire como o delineador do *modus operandi* do ensino nacional não se deu por acaso e o próprio escritor, já no ínicio da redemocratização, foi escolhido pela então prefeita Luiza Erundina (PT) para ser o secretário da educação de São Paulo em 1989. A tomada da educação e o confisco da mente dos estudantes era essencial para o projeto de poder petista, então não havia tempo a perder. Já na primeira eleição presidêncial pós-ditadura haviam encontrado um jeito de colocar no governo da maior cidade do país um homem cujas idéias eram a de perpetuar no poder uma nova forma de ditadura, que viria por formas democráticas e (mal) disfarçada pelo nome de socialismo ou trabalhismo. Para tal era essencial o aliciamente da juventude, alienando os familiares e capturando a útil (e manipulável) empolgação adolescente. O escritor Bruno Garschagen[clv] definiu essa estratégia:

A transformação pela atuação política e pelo ensino é utilizada como instrumento poderoso de alteração orientada e começa por influenciar determinados segmentos e instituições até construir um ambiente propício à supremacia do governo sobre a sociedade. Depois da formação direcionada das elites políticas na Universidade de Coimbra, no Brasil as escolas e universidades foram utilizadas como centros de difusão de ideias e de doutrinação por positivistas e, até hoje, por socialistas e marxistas. Se os intervencionistas tentam controlar, modificar ou corromper elementos importantes da nossa cultura é porque os veem como uma rede de proteção contra seus projetos políticos. Quando um partido no governo fragiliza o papel das famílias mediante um ensino que atenta contra a relação de pais e filhos dentro de casa, ou adota posições que impedem os familiares de decidir o que é melhor para as suas crianças, começa a destruir as bases de formação cultural de cada um de nós. Se não há uma cultura que oriente e defina a política, a política irá orientar e definir a cultura.

A função da *Educação Libertadora* criada por Freire é a de *desatar* os estudantes das tradições familiares, das limitações da ciência formal e da realidade *burguesa* (pois na cabeça *quasi*-esquizofrênica dessa gente, existem realidades múltiplas) e prepará-los para a revolução que libertaría os oprimidos. Mas no final, eu e você, leitor, sabemos como essas revoluções terminam: banhos de sangue e caos.

CAPÍTULO VIII – A UNIVERSIDADE

Uma situação, duas reações

Ano de 2009, algum apartamento em São Paulo próximo a Marginal Pinheiros. Reunidos lá um grupo de estudantes cuja única semelhança entre todos eles era a vontade de quebrar a hegemonia do PT e PC do B no controle do diretório estudantil da Universidade de São Paulo. Eu estava presente como representante do meu campus, após um convite feito pelo fundador do grupo via a já inexistente rede social *Orkut*. Entre os cerca de 20 presentes, alguns se tornaram figuras razoavelmente conhecidas hoje, como o escritor Flávio Morgenstern e o subprefeito paulistano Lucas Sorrillo. Não era de forma alguma um grupo homogêneo ou de direitistas, sendo o próprio Sorrillo já na época identificado com a social-democracia que mais tarde o levou para o PSDB, enquanto outros podiam ser chamados de liberais e alguns de conservadores.

A mesma motivação que levou um grupo assaz heterogêneo a se reunir nos fez também criar a chapa *Reconquista* para as eleições do DCE da USP daquele ano, e trabalharmos durante meses, entre propaganda e debates, pela conquista de votos contra a máquina compressora petista. As outras chapas recebiam um gigantesco apoio dos partidos políticos que as patrocinavam (afinal, como dito em capítulos anteriores, a hegemonia no sistema de ensino é primordial na estratégia da esquerda), enquanto nós eramos apartidários e inexperientes. Fazíamos o que tinha de ser feito com dinheiro do nosso próprio bolso. Mesmo com todas estas desvantagens, na apuração realizada entre a noite e a madrugada do dia 26 de novembro daquele ano, e para assombro das outras chapas que competiam contra nós (todas, absolutamente todas, de esquerda, sendo a chapa petista a menos radical), estávamos em vias de ganhar as eleições.

Com a nossa votação crescendo a cada urna apurada, o leitor já deve imaginar que os discípulos de Luis Inácio não iriam abrir mão tão facilmente do DCE da mais importante universidade do país. E não abriram. Boa parte de nossos votos vinham das escolas de engenharia e de negócios. Então estas urnas que carregavam a nossa vitória *misteriosamente* começaram a apresentar problemas, ao ponto de todos os votos de uma urna da FEA (Faculdade de Economia e Administração) terem sido simplesmente invalidados. O resultado foi a "vitória" da esquerda por 2500 votos contra 2445 de nossa chapa. No dia seguinte, vários veículos de mídia noticiavam a possível fraude nas eleições da USP, como o jornal Estadão[clvi]. Em uma coluna posterior da revista Veja[clvii] foi até publicada a admissão da possível fraude por um membro de uma das chapas da extrema-esquerda, já que *"A vitória da direita seria muito ruim porque eles não reconhecem a legitimidade das assembleias de estudantes. O mais importante é a esquerda deixar de lado as diferenças e construir a unidade nestas eleições".*

A chapa vencedora, ligada ao partido linha-auxiliar do PT, Psol, se pronunciou através de um de seus membros demonstrando a surpresa (ou melhor, o pavor) causada pela quase-derrota[clviii]:

A disputa com a direita foi uma coisa inédita na USP. O movimento estudantil tinha a avaliação de que eles estavam se fortalecendo, mas foi uma surpresa a força eleitoral deles, tendo em vista que eram uma chapa pequena, com poucos apoiadores.

Após tudo isso, ainda vem gente dizer que os insatisfeitos com a tirania marxista-cultural que domina as entidades da USP, que crie uma chapa e ganhe o DCE por meio do voto. *Oh Darling!* Nós já fizemos isso! Nós ganhamos por meio do voto, mas vocês, ao melhor estilo chavista, criaram o resultado que desejavam, insultando aos milhares de estudantes que votaram em nós pensando que aquilo era uma eleição de verdade.

Mesmo ano de 2009, desta vez na Polônia. Na cidade de

Poznan a Corporação Estudantil Lechia comemorava os 20 anos de sua reativação, em 1989. Ainda que fosse uma das mais antigas agremiações acadêmicas da nação (fundada na década de 20), nos anos do comunismo ela teve suas atividades encerradas por ter sido considerada ilegal (como escrevi no começo deste livro, a repressão vermelha no leste europeu fazia o regime militar brasileiro parecer um passeio no parque). No dia 11 de novembro, também como parte das celebrações da independência nacional, cerca de 40 pessoas ligadas ao Lechia se reuniram e organizaram a *Noite de Canções Patrióticas*[clix], com efusiva participação da comunidade local.

Em uma cidade mais ao leste, Kielce, outra entidade estudantil (a maior do país), chamada *Niezależne Zrzeszenie Studentów* (Associação Estudantil Independente), também comemorava a reativação de suas atividades após o fim do comunismo. Para tal organizou em uma biblioteca pública municipal uma exibição onde mostrou suas atividades durante os tempos de repressão marxista.

Agora o leitor já deve enxergar uma semelhança entre as entidades estudantis de lá e de cá: ambas, em meados do século XX, sofreram certa repressão das autoridades (ainda que em graus distintos). Esta correspondência até é verdadeira, mas a maneira que os atores envolvidos reagiram não poderia ser mais diferente. Enquanto a resposta dada pelos estudantes poloneses à repressão comunista foi a de criar (ou recriar) uma extensa rede de associações patrióticas, as entidades estudantis brasileiras, colocadas na ilegalidade por uns anos pelo regime militar, reagiram com reboladas, relinches e enorme rebaixamento intelectual.

As Corporações Acadêmicas

No Século XIX, com a repressão anti-católica do *Kulturkampf*[clx] alemão à todo vapor, surgiu como resposta um grande número de agremiações estudantis católicas nas regiões sob domínio germânico. Embora a primeira delas tenha sido fundada na Suíça, elas também proliferaram no território polonês que estava ocupado pelos germânicos, e nestes, carregaram um significado adicional: além de trabalhar pela proteção da fé católica, elas também empenhavam-se em formar membros com um forte caráter patriótico. Membros que não deixassem morrer a ideia de um dia a Polônia voltar a ser independente.

Muitas destas organizações contribuíram para a independência que chegaria em 1918, e continuaram a moldar o caráter de jovens universitários mesmo durante a guerra contra os nazistas. Porém, com a entrada da Polônia na esfera de influência comunista no pós-guera, essas agremiações, então intituladas *Korporacja Akademicka* ("Corporação Acadêmica", seguido do nome) foram extintas pela repressão marxista, que coibia os sentimentos patrióticos e religiosos destes agrupamentos.

Com o fim da União Soviética e a queda do comunismo no leste europeu entre os anos 80 e 90, não tardou para que as corporações acadêmicas fossem refundadas. Hoje, os principais centros universitários do país contam com uma ou mais destas entidades, todas com valores bem delineados entre os seus membros. Um exemplo é *a Akademickiej Korporacji Astrea Lublinensis* (Corporação acadêmica *Astrea Lublinensis*), localizada em Lublin, que em seu estatuto lista os seus cinco primeiros objetivos[clxi]:

I - Educar os membros da Corporação como cidadãos disciplinados, capazes de trabalhar com criatividade para a grandeza e o poder da comunidade;

II – Desenvolver o senso de lei, dever e disciplina organizacional, dignidade e honra pessoal;

III - Cultivar valores patrióticos e cristãos;

IV - Estreita coexistência dos membros da Corporação nos princípios da camaradagem sincera, amizade e irmandade.

V - Elevar o nível intelectual e científico

O leitor, principalmente aquele que estudou em uma universidade pública, já deve estar certo que algo similar não existe em uma USP ou UFRJ. Ou pode achar (como eu também pensava) que estatutos como esse são uma exceção, e que talvez as outras *Corporações acadêmicas* tenham objetivos mais próximos das entidades estudantis brasileiras, como realizar festas e protestar nú contra o FMI. Mas não, a quase totalidade dos estatutos destas corporações apresentam menções a valores católicos e patriotas. Esse padrão é visto na declaração ideológica de outra corporação estudantil, a *Aquilonia*, de Varsóvia[clxii].

A Corporação Aquilonia, firmemente baseada na ideologia expressa no estatuto da Associação das Corporações Acadêmicas Polonesas, coloca na vanguarda de seus ideais o conceito de nação como a manifestação da inclinação social de Deus na alma humana e como a mais perfeita expressão de serviço à pátria.

Afirmações como a supracitada deixam claro que as corporações estudantis compreendem a ideia de nação não de uma forma chauvinista, mas sim como uma das várias criações divinas. Traduzem do patriotismo destes jovens um dos componentes do cristianismo que eles professam. É um conceito muito similar ao defendido por um dos líderes da independência polonesa, o já citado Roman Dmowski (que também fez parte de uma corporação estudantil, a *Korporacja Akademicka Akropolia Cracoviensis*[clxiii]).

Como estas agremiações trazem um forte estímulo a formação intelectual, a refundação destas aumentou a demanda por livros e publicações, o que por sua vez fez com que proliferassem editoras e autores cujas obras contribuem para o crescimento intelectual, formação da consciência nacional e resguardo das tradições e religião. Este círculo virtuoso, iniciado como resposta à repressão dos alemães anti-católicos e depois dos marxistas, continua a render bons frutos.

Como o comunismo atrasou a vinda da nova esquerda.

É interessante o fetiche comunista por determinadas palavras, como *popular* e *democrática*, a ponto de praticamente todos os territórios onde estes delinquentes chegam ao poder, procuram renomeá-los com estes verbetes. Desnecessário dizer que nunca o comunismo é de fato popular (por quem governa é a elite de um partido único que tudo pode) ou democrático. Foi o que aconteceu na Polônia, que após o fim da Segunda Guerra Mundial passou a se chamar *Polska Rzeczpospolita Ludowa* (PRL), ou República Popular da Polônia. O governo marxista da PRL não se restringia somente a tolher os sentimentos patrióticos e religiosos, como os presentes nas corporações acadêmicas. Também coibiam as correntes de pensamento que vinham do mundo ocidental, bem como limitavam o aprendizado de inglês (a preferência era pelo idioma russo). Estes dois vetos das autoridades vermelhas resultaram *a posteriori* em algo benéfico, ainda que acidental.

Nos anos 60 explodiu na Europa um frenesi ideológico com epicentro nos cafés de Paris e nas escolas de Frankfurt, e cujas sementes haviam sido plantadas quarenta anos antes. Caso você já tenha lido o excelente livro *Pensadores da Nova Esquerda* do escritor britânico *Sir* Roger Scruton, deve estar familiarizado com o que aconteceu no velho mundo nesta época. Outra explicação, um pouco mais curta, foi dada pelo ex-analista da CIA Roniel Aledo[clxiv]:

Em 1923 nasceu em Frankfurt, Alemanha, o Instituto de Pesquisa Socia, ou simplesmente a Escola de Frankfurt, dirigida pelo húngaro Georg Lukacs e financiada por Felix Weil, para disseminar e implementar a estratégia elaborada por Gramsci. Sobre o objetivo desta escola, disse o seu primeiro diretor "Vi a destruição revolucionária da sociedade como a única solução para as contradições culturais da época.[...]".

Outros pensadores marxistas juntaram-se com dedicação: Adorno, Marcuse, Fromm, Benjamin, Horkheimer, etc. A Escola obteve imediatamente muito sucesso [...] No entanto, tanto o trabalho quanto a influência sobre a cultura pararam abruptamente devido primeiro à grande Depressão e depois à Segunda Guerra Mundial. Muitos dos criadores da Escola de Frankfurt instalaram-se na Universidade de Columbia, em Nova Iorque e esperaram por tempos mais favoráveis para impulsionar sua revolução cultural. Foi na década de 1960 que uma nova geração de adolescentes e jovens que não conheciam a Depressão ou a Guerra Mundial retomaram o processo revolucionário da Escola de Frankfurt.

Chamamos estes revolucionários, capitaneados por nomes como Lukacs e Marcuse, de *marxistas culturais* em razão de inovações que estes traziam. Mais do que a revolução violenta por meio da luta de classes, pregavam a revolução cultural por intermédio da luta de gêneros, de raças e todo tipo de divisão artificial, com vistas a criar conflitos e devastar as tradições. Com o seu centro de difusão em Nova Iorque e publicando os seus livros em inglês, os marxistas culturais puderam se multiplicar primeiro na outras universidades americanas, e depois nas europeias. As consequências disto são descritas por Bruno Garschagen[clxv]:

Se para muitos os anos 1960 foram libertadores, os "anos dourados", para várias sociedades representaram doenças venéreas, filhos não planejados, separações e divórcios, dependência de drogas, overdose, radicalização do discurso antirreligioso e um processo de dominação dos departamentos de humanidades nas universidades, de aumento da influência dos intelectuais da Nova Esquerda e de formação de uma nova massa de revolucionário

A *Nova Esquerda* nunca teve a mesma força do lado oriental da cortina de ferro. É, a primeira vista, surpreendente que autores *neomarxistas* tiveram menos repercussão justamente na parte da Europa que estava sob o regime comunista. Além da barreira linguística já dita acima (até hoje, é pequena a parcela da população na Europa Oriental que fala inglês, e graças a isso conheci minha noiva, mas termino aqui a digressão), também colaboraram para a reduzida influência da Escola de Frankfurt nesta parte do mundo dois outros fatores.

O primeiro é que ostentando um pacifismo de fachada e descartando a via armada, os neomarxistas entravam em conflito com as autoridades locais, que priorizavam os meios violentos de controle social. O segundo fator é que introduzir uma ideologia baseada na revolta estudantil e em jovens *enragés* em países onde autoridades comunistas negavam aos estudantes até mesmo o direito de livre-associação não somente seria contraditório como também arriscado. Os pupilos, inspirados pelas chamadas de seus colegas neomarxistas franceses à *lutte pour la liberté,* poderiam entender que vale a pena lutar também contra os velhos marxistas.

Dessa forma, na Polônia do século XX o velho comunismo das propagandas de casais e filhos alegres, dos generais de bigodes espessos e da música clássica abafando o som das execuções de adversários políticos prevaleceu sobre o socialismo francês-frankfurtiano de barbudinhos bebedores de *Starbucks,* depravação sexual e ataques à família.

A elite desintelectual que finge ser do povo

Se a nova esquerda *enragé* não conseguiu penetrar na Europa oriental no século XX, no Brasil e especialmente nas cercanias da Rua do Lago no Butantã, ela chegou com uma velocidade comparável a Euler nos tempos de Palmeiras. Bem versada no idioma Francês e Inglês (embora às vezes com um português sofrível e caótico), os universitários USPianos tiveram acesso fácil aos escritos originais de Sartre, Foucault, Herbert Marcuse e outros. Se avolumou a retórica raivosa da destruição dos alicerces religiosos e culturais, sob a vista grossa de um regime militar mais preocupado em vetar seios na capa de um disco popular[clxvi] do que com o completo aparelhamento da maior universidade do país por facções revolucionárias. Não somente os neomarxistas da USP tiveram poucas complicações durante a *ditadura* militar, como até mesmo tinham seus salários pagos por ela. Por fora gritavam contra os generais, mas não recusavam o contracheque. Um típico arranjo tupiniquim.

Com a imprensa vendendo a imagem de intelectuais-heróis da liberdade, os diplomados uspianos atingiram o *Olimpo* do prestígio após a redemocratização. Nas escolas se ensinavam sobre os grandes nomes da filosofia como Marilena Chauí, ou da sociologia como Fernando Henrique Cardoso, quando de fato a contribuição da Sra. Chauí para a filosofia mundial é uma nulidade e o maior feito de FHC foi na área econômica, e não como sociólogo. Ainda assim, o exemplo destes dois USPianos e de vários outros fez inúmeros jovens caírem no conto da mágica que um diploma *Made in Butantã* poderia causar no intelecto (admito que fui um dos enfeitiçados). Magia reforçada pela exagerada importância que o resto da sociedade imputa ao canudo. Enquanto no Brasil, meus amigos e eu presenciávamos a satisfação de entrevistadores ao falarmos que *nos formamos na USP*, fui surpreendido na Polônia por uma indiferença à universidade onde o sujeito se formou ou mesmo se este chegou, de fato, a terminar um curso superior.

Como resultado do delírio brasileiro de superpoder intelectual originado por um pedaço de papel, nasceu outro desatino da nossa classe pensante: O universitário que é elite quando necessário, mas é parte do povo quando lhe convém. Não nego de forma alguma a primeira parte desta contradição: o estudante de uma universidade pública brasileira é parte da elite, embora não por méritos intelectuais, mas sim pelo tratamento privilegiado que recebe. O gasto anual do governo por estudante de ensino superior, mais de 14 mil dólares em 2018, é 29% maior do que a renda média da população[clxvii]. Para comparação, o governo polonês gasta apenas nove mil dólares anuais por estudante enquanto a renda da população é acima de dezesseis mil dólares[clxviii]. Enquanto nosso povo conta centavos para fechar a conta no final do mês, os cursos de sociologia, filosofia e afins nas universidades estaduais recebem recursos extraordinários, e como um Leviatã esfomeado, pedem mais.

A fábrica de clones verde e amarela

O que causou espanto na esquerda Uspiana e nos periodistas presentes na apuração das urnas do DCE da USP, a ponto de nosso pequeno grupo de estudantes figurar em jornais e revistas de circulação nacional, não foi um suposto radicalismo de nossas ideias, para lá de moderadas. Foi a nossa simples existência como *não-esquerdistas* (nem sequer direitistas todos éramos). Até então as eleições estudantis da USP continham uma meia dúzia de chapas que diferiam somente no nome da vertente socialista que apoiavam (maoista, leninista, trotsquista, etc.) e no partido político que as apoiavam (PT, PSOL, PCO e assim por diante). Essa homogeneidade entre os competidores é um reflexo do sucesso do corpo docente das universidades em uniformizar e idiotizar os discentes. Não é obra do acaso ou uma epifania conjunta, mas sim uma estratégia bem executada durante décadas, oriunda do manual *Frankfurt-Parisiense* que tornaram a USP (e outras universidades públicas) em um zoológico de imbecis[clxix].

A substituição de José de Alencar por Racionais MCs na literatura obrigatória para entrar na universidade[clxx] é um prólogo do que ocorre intramuros em nossos centros de ensino superior. Matérias e eventos antes inimagináveis, como a oficina de masturbação feminina e higienização anal oferecida pela Universidade Federal do Amapá (o evento não tinha esse nome, e sim termos muito mais chulos que me recuso a escrever)[clxxi] ocorrem financiados pelo dinheiro público e ocupam o tempo de alunos que até meses antes eram o orgulho da família e possuíam uma conduta ilibada.

E os docentes, bem como os militantes disfarçados de

discentes do movimento estudantil, já começam a esse processo de corrupção mental dos novatos nos primeiros dias da nova vida universitária. Se aproveitando do deslumbramento inicial por entrar uma universidade de renome, bombardeiam o jovem com incitações a uma mudança radical de comportamento, ao repúdio aos conselhos paternos (colocando a imagem dos pais como ignorantes desprivilegiados intelectualmente, ou pior, culpados pela descoberta tardia de uma suposta transsexualidade e afins) e rejeição de tudo que foi aprendido em anos no seio familiar, igreja ou vizinhança. Flávio Gordon traduz o desespero do rapto mental de nossos estudantes nas últimas páginas de sua obra-prima[clxxii]:

Vemos garotos assumindo a aparência de mulher, enquanto meninas se masculinizam; uns raspam cabelos e sobrancelhas; outros, ao contrário, deixam crescer todos os pelos do corpo, que tingem de azul e rosa; uns se pintam, usam cílios postiços e roupas exuberantes; outros se exibem desnudos, com piercings pelo rosto e a língua para fora, em sinal de deboche e revolta contra o mundo... Todos agora são ativistas e militantes de alguma causa[...]. Jamais se viu uma politização da existência — e dos próprios corpos — tão rápida e tão brusca quanto a que se passa na vida desses universitários. Encontra-se tudo isso também fora da universidade, é claro, mas a impressão transmitida por aquele conjunto de fotografias é a de estarmos diante, não de uma mudança de identidade voluntária e natural à idade, mas da adequação semiconsciente a um contexto que a exige e fomenta. Enganam-se profundamente esses jovens se acreditam terem se individualizado e libertado ao passar de um estado ao outro. Dá-se com eles precisamente o contrário, e é o seu olhar quem revela: se, antes, entrevia-se nos olhos de cada um o brilho de uma personalidade singular pronta a se desenvolver, as novas fotos revelam invariavelmente a presença de um mesmo olhar esmaecido, o olhar bovino de quem se livrou de uma autoridade familiar e benfazeja apenas para render-se ao arbítrio de uma força coletiva de homogeneização das consciências.

Esta transformação dos jovens em ativistas histéricos

sem dignidade não é exclusividade nossa, até porque é importada de universidades estrangeiras. Algo semelhante ao espetáculo de monstruosidades presenciado em uma federal brasileira pode ser visto com frequência em protestos estudantis em Berkeley na Califórnia ou nos arredores da universidade de Columbia em Nova Iorque. E até mesmo em Varsóvia, embora em uma proporção muito menor.

Fatores geográficos na Polônia ajudam a evitar que o vínculo entre país e filhos seja rompido tão facilmente. Um jovem goiano que vá estudar na universidade federal do Rio de Janeiro raramente irá ver seus país durante o ano letivo, já um morador de Gdansk que estude em Cracóvia, ainda que precise cruzar o país todo, não terá dificiuldades em participar dos almoços de família algumas vezes por mês.

Mas além da distância e da velha esquerda atrasando a infecção pelos ideais dos novos marxistas, existem outros valores que exercem um contrapeso nas tentativas de tornar os universitários polacos na mesma espécie de zumbis clonados que se encontram no Butantã, em Niterói ou Los Angeles. As corporações estudantis, a Igreja e toda uma classe de docentes universitários que bravamente resiste às tentativas da instalação de um monopólio gramsciano oferecem ao jovem uma alternativa de durante seus estudos manter sua dignidade e não se submeter às pressões de grupos recém-apresentados. Infelizmente, no Brasil, essa alternativa não existe, e a esquerda têm o monopólio nas escolas superiores de humanidades (e não só). Em uma crítica à um projeto de lei *Escola sem* Partido, que visava coibir a propagação do marxismo na sala de aula, o escritor Olavo de Carvalho afirmou que é essencial a existência de uma alternativa ao pensamento marxista nas escolas, pois só assim a hegemonia se quebra[clxxiii]:

O "Escola Sem Partido" está corretíssimo nos ideais que o inspiram, mas, pela milésima vez: o problema não é a "doutrinação" comunista "nas" escolas, mas o controle comunista das escolas. Con-

trole total, agressivo e intolerante. Se ao nomear os crimes do inimigo você já começa por usar uma linguagem eufemística, você não o está combatendo, está apenas provocando. E provocando com aquele misto de audácia e timidez que atrai inevitavelmente uma reação devastadora. [...] Pregar uma "escola sem partido" é sugerir que existem vários partidos em disputa, quando o problema é que só existe um e ele já excluiu todos os outros.

A alternativa criada pelos grupos estudantis patrióticos, associações de estudantes católicos, pelas publicações conservadores e pelos docentes anti-marxistas nas universidades polacas cria a tão necessária alternativa ao marxismo. Se o ambiente na universidade polonesa não é *neutro*, ela tampouco é hegemônico, igual nas federais e estaduais do Brasil. E até que essa hegemonia seja quebrada, resta a realidade das palavras com as quais Flávio Gordon encerra o seu livro[clxxiv], e eu encerro este capítulo:

Os pais, que outrora lamentavam perder os filhos para as drogas e as más companhias, agora os perdem para a universidade. Mais dia, menos dia, e a menina dos olhos da família, outrora tão carinhosa e prestativa, entra porta adentro transformada na mulher-cachorro, mais uma vítima dessas gigantescas máquinas de despersonalização em que se converteram as faculdades brasileiras, ao mesmo tempo origem e produto de toda a corrupção da inteligência. E aqueles ingênuos, que sofreram com os rebentos a ansiedade do concurso, que suas lágrimas às deles misturaram por ora do júbilo da conquista, e que por fim os conduziram orgulhosos ao ingresso no mundo dos bacharéis... Aqueles, enfim, seria melhor houvessem espiado o pandemônio pela fresta e, notado ali almas penadas e errantes por futuro..

CAPÍTULO IX – AS INSTI-TUIÇÕES E A MÍDIA

As instituições de uma nação nem sempre são as instituições de um estado

Feliks Koneczny foi um dos grandes historiadores e filósofos poloneses do século XX, cuja obra influenciou até ilustres em universidades como Chicago e Praga. Formado na Universidade Jaguelônica de Cracóvia, ele criou um ramo da sociologia comparada voltado para o estudo das civilizações. Em sua obra-prima[clxxv], ele conclui que ao longo da história existiram cerca de vinte tipos distintos de civilizações, das quais sete ainda existem (latina, árabe, bizantina, brâmane, judaica, chinesa e turânica). E com simplicidade definiu os alicerces civilizatórios que diferenciam um tipo do outro[clxxvi]:

A civilização é um sujeito histórico, isto é, a íntima união de cultura, leis, moral e religião determinantes de um povo específico.[...] A civilização não é terra ou cidades, nem castelos e fábricas, nem exércitos e milhões de pessoas - mas acima de tudo e em primeiro lugar, uma relação saudável e coerente de moralidade, fé, lei e costume.

Sendo a civilização o superconjunto de uma nação, os fatores que definem a primeira fazem parte do conjunto dos que definem a segunda. Portanto a moral, fé, lei e costume formam também uma nação, junto de outras características mais locais como o idioma. Nada disso vale para o estado. O estado é uma entidade burocrática que pode conter tanto várias nações como até mesmo várias civilizações (tal qual o estado soviético). O estado não necessita ter entre seus membros uma moralidade, costumes, fé ou até mesmo lei comum, mas é condição *sine-quanon* que ele tenha fronteiras desenhadas em um mapa. Já a nação não necessita dos rabiscos que a definam em um cartograma, e existe enquanto a relação saudável entre moral, fé, lei e costume se mantiver. A influência de brilhantes pensadores como Koneczny, frequentemente lidos nos cursos universitários e até mesmo no ensino médio contribuiu para que os polacos não confundam *estado* e *nação*, um erro amiúde feito por brasileiros de todo o espectro político.

Em certas ocasiões o estado inclusive contribui para a destruição de civilizações inteiras (é uma das razões pelas quais das duas dezenas definidas por Koneczny, apenas sete ainda existem). Um dos aparatos mais formidáveis para esta supressão é um legislativo que ao invés de mediar relações naturais, busca forçar a mudança dos valores comuns.

O Governo e a Lei

Quanto mais lei, menos justiça. Nós colocamos cada vez mais o direito no lugar da ética e mais precisamos de mais e mais leis para saber o que fazer. Mas a ética não pode ser suspensa da lei, e as consequências da divisão dessas categorias são aterradoras e inconfundíveis.
Feliks Koneczny[clxxvii]

Um dos grandes esforços das décadas de governo comunista no centro-leste europeu foi a destruição dos sistemas éticos formados durante séculos de fusão da moral cristão com a cultura latina (em países como a Croácia ou a Polônia) ou cultura bizantina (na Bulgária por ex.). Estes princípios éticos foram a gênese de um sistema legal onde certas regras precediam a própria existência do estado e possuíam até origem oral. Tal sistema ético-legal, provado eficaz pelo teste do tempo, tornava as sociedades funcionais e com uma relativa ordem. Os juízes e promotores tinham um papel mediador. Aliás, ainda existe na Polônia a figura do *mediator*, um especialista em direito cuja função é resolver conflitos sem a necessidade de que as partes cheguem a justiça. Poucos iam à justiça para fazer valer uma nova lei, pois estas eram quase permanentes e de conhecimento geral.

E então veio o comunismo, com suas inovações, revoluções e leis cuja complexidade são a nós, brasileiros, familiares. O número de artigos, clausulas, rubricas e excertos se multiplicava, e o *Vade Mecum*, o manual de instruções do funcionamento de um país, ficava cada vez mais pesado. Isso não significa que as leis antes do regime marxista eram mais brandas. Enquanto antes a pena de morte era prevista para uma série de crimes violentos, no governo vermelho ela era usada somente sob critérios *excepcionais* (o que convinha ao governo, que assim podia proteger bandidos e ao mesmo tempo executar opositores políticos).

A sequência de tiranias comunista, nazista, russa e germânica talvez faça com que o leitor imagine que um estado de direito estável e funcional é algo apartado da história polonesa. Mas esta é uma impressão inexata sob várias perspectivas.

Enquanto outros estados europeus "sofisticados", como a França guilhotinavam crianças e freiras[clxxviii] como fatias de mortadela em uma mercearia, os poloneses já tinham, por mais de 350 anos, um sofisticado dispositivo de proteção civil contra perseguições como as ocorridas em Paris durante o reino de terror jacobino. O principio *Neminem captivabimus nisi iure victum* ("Não prenderemos ninguém exceto os condenados por uma corte"), instituído pelo rei Ladislau III (*Władysław III*) deu à população comum um direito sem precedentes, que não seria visto pelos próximos três séculos em nenhum outro país europeu.

A lista de pioneirismos entre os países europeus continua. Em 1454 o rei polaco Casimiro IV ratificou leis que restringiam os direitos reais de criar taxas, bem como o de convocar nobres para o serviço militar sem a aprovação das assembleias locais. Duzentos anos depois, a *refinada Europa* ocidental ainda sofria com aumentos arbitrários de impostos que inspiravam rebeliões consecutivamente, como a de Masaniello[clxxix] na Itália ou as revoltas dos pés descalços e do papel timbrado na França.

O grau de desenvolvimento do sistema legal e jurídico polonês fez com que autores de ciência política proliferassem. A obra-prima de um destes escritores (*De optimo senatore*, ou "O ótimo Senador", escrita pelo bispo e filósofo Grzymała Goślicki[clxxx]), se tornou tão popular que causou pânico entre os reis absolutistas do resto da Europa, que, ao contrário dos monarcas poloneses, não estavam acostumados com a ideia de ter um poder limitado por leis. O pânico foi tamanho que a rainha Elizabeth da Inglaterra ordenou que todas as cópias do livro fossem destruídas. Não adiantou muito, pois os anti-absolutistas liderados por Oliver Cromwell, vencedores da guerra civil na Inglaterra, usaram o livro de Goślicki e o citaram em seu manifesto. Outra figura ilustre a ler e comentar o livro do bispo polonês foi Thomas Jefferson, um dos *Founding Fathers* da nação americana[clxxxi].

Todos estes avanços resultaram, em 03 de maior de 1791 na promulgação da primeira constituição da Polônia, a primeira também da Europa, e a segunda do mundo, precedida somente pela constituição dos Estados Unidos da América. Apesar de a carta magna americana ter vindo cerca de 3 anos antes da polonesa, é certo que houve uma cerca influência polaca nesta, já que um dos maiores inspiradores do código americano foi... Thomas Jefferson[clxxxii].

Ainda que após a promulgação da constituição, a Polônia tenha sido invadida e eliminada do mapa, para em seguida ressurgir e ser eliminada de novo, a história não se perdeu. Ela foi conservada nos bancos das escolas (ainda que os alunos polacos gastem menos horas estudando história, quiçá o façam de maneira mais eficiente, ver capítulo VII), nas canções e filmes.

Enquanto na Polônia é raro encontrar um político (seja de esquerda ou de direita) que insulte a herança histórica dos heróis e instituições do país, no Brasil nossa esquerda ataca ferozmente os homens que construíram nossa nação. Até mesmo um líder reconhecido por sua virtude no mundo todo, como o nosso imperador Dom Pedro II, recebe constantes saraivadas de insultos em nossos livros escolares[clxxxiii]. Ofensas injustas por parte de professores que ensinam às nossas crianças sobre os males de um regime monárquico que o próprio povo da época não queria que terminasse. Enquanto a esquerda profere tais mentiras contra os heróis que iniciaram a construção de nosso país, a nossa direita *light*, no máximo, prefere mudar de assunto. É este comportamento sonso outra diferença da Polônia para com o Brasil.

A Política

Graças ao legado de respeito aos direitos civis e da segunda constituição mais antiga do planeta, a Polônia manteve a firmeza de um sistema sólido e com instituições estáveis, ainda que devastada por contínuas invasões e sob a égide da repressão comunista. Nos 30 anos que vieram pós-redemocratização de 89, o país já passou pelas mãos de partidos trabalhistas no estilo de Leonel Brizola, sociais-democratas como o PSDB brasileiro, conservadores e até mesmo um correlato ao PT, com um líder igualmente adepto da embriaguez e vergonha etílica comparáveis a de Lula[clxxxiv].

Se na rotação dos partidos dominantes nós e eles têm uma história similar, muito somos diferentes na forma que a oposição se comporta durante estes governos. No Brasil o PSDB e aliados foram uma oposição anêmica (se é que se pode chamar de oposto um partido que tão ardorosamente defende seu "principal adversário", como os tucanos fazem com o PT com frequência[clxxxv]). Essa postura melindrosa, acanhada e vez ou outra até mesmo favorável é um sintoma da teoria das tesouras, das contradições existentes somente no plano teórico delineadas por Hegel. No plano prático, é tudo a mesma coisa.

Esta falsa dualidade é rara na Polônia. Facções opostas, ideologicamente distintas se digladiam em discursos incendiários e investigam incessantemente uns aos outros quanto a possíveis escândalos de corrupção. É verdade que tal qual no Brasil, sociais-democratas e socialistas são *faux ennemis*, concordando mais que discordando uns com os outros e raramente descobrindo algo suspeito. Porém, a existência de uma considerável força conservadora torna a vida de ambos menos fácil. Foi assim durante o governo social-democrata da Plataforma Cidadã (*Platforma Obywatelska – PO*) entre 2007 e 2015, que se aliou com outros partidos centristas e socialistas, enquanto foi antagonizado pelos rivais do então direitista *Prawo i Sprawiedliwość - PiS* (Lei e Justiça).

Essa forte divergência ideológica entre os partidos poloneses (algo que inexiste, por exemplo, entre petistas e tucano, pois ambos apenas discordam dos meios de atingir o mesmo fim) e a constante investigação mútua colaboram para evitar que os casos de corrupção atinjam uma proporção nem sequer comparável aos escândalos brasileiros. Por exemplo, o caso *Infoafera* (onde uma empresa fazia contratos-fantasma de TI para o ministério do interior) foi o suficiente para derrubar o governo da Plataforma Cidadã, mesmo com os valores envolvidos sendo menos de 5% do que o PT desviou até 2014[clxxxvi]. Enquanto Donald Tusk foi enxotado do parlamento, Dilma Roussef era reeleita.

E na derrota de Donald Tusk tivemos outro exemplo da diferença real entre adversários políticos no *Sejm*, em contraste com a encenação tucano-petista. Ao vencer as eleições, a primeira-ministra conservadora Beata Szydło, mãe de um padre que reza a missa tridentina, tomou como uma de suas primeiras medidas a retirada da bandeira da União Europeia das conferências de imprensa e a substituição do relógio do salão ministerial por uma cruz[clxxxvii]. Uma vez no poder, o PiS não sofre oposição apenas da esquerda socialista e social-democrata, mas também de partidos ainda mais à direita como a Confederação *(Konfederacja)*, com um discurso mais incisivo contra temas como a ideologia de gênero ou a União Européia.

Já no Brasil, o mais *direitista* das fileiras do PSDB, João Dória, repete, de maneira efusiva o que seu antecessor (e opositor) fazia: exaltar a gigantesca parada LGBT[clxxxviii] que todos os anos emporcalha as vias de São Paulo com lixo e cenas inimagináveis até para Calígula. É o teatro das tesouras, a hegemonia entre o partido no poder e a oposição controlada preconizados por Gramsci, o detento italiano.

Gramscismo e a prisão de mil janelas

Existem prisões invisíveis, muitas delas. Existem prisões onde as pessoas nascem, crescem e morrem. Existem prisões de sistemas e regimes. Essas prisões não apenas destroem os corpos, mas chegam além, alcançam a alma.

Beato Jerzy Popiełuszko, padre polonês martirizado pela polícia secreta comunista em 1984

Uma tipo bastante interessante de falácia lógica é a *Post hoc ergo propter hoc*[clxxxix], ou economizando palavras, *Post hoc*. É uma atribuição da causalidade levando em conta apenas a sequência dos eventos, como afirmar é por culpa dos morangos que vem o calor da primavera, já que todos os anos eles amadurecem no fim do inverno. Esta falácia é semelhante à outro raciocínio falho: o de que os políticos escolhidos em uma eleição são reflexos das convicções de um povo. E usando desta falha lógica, os letrados exclamam sobre como a sociedade brasileira é alegremente de esquerda, já que o povo brasileiro durante três décadas negou seu voto à qualquer político conservador.

Negam, claro, a realidade de que os brasileiros eram forçados a escolher durante anos entre os socialistas bolivarianos do PT e os social-democratas fabianos do PSDB, e que qualquer político que saísse um pouco desta falsa dualidade era massacrado pela estrutura midiáticas, professores e formadores de opinião, do alto de seus bem resguardados condomínios e estúdios de TV. Era negada ao cidadão comum a chance de nem sequer conhecer e ouvir candidatos com um ponto de vista diferente do globalismo engravatado de FHC ou do socialismo beberrão de Luis Inácio. Os poucos bravos que se aventuravam a uma candidatura com uma visão distinta da permitida eram escarnecidos, ridicularizados por uma classe "pensante" (*requiescat in pace*, doutor Enéas Carneiro) que não têm uma fração da capacidade mental dos que ela achincalhava.

Em outros contextos, o resultado das eleições pode sim ser justificado pelos princípios e juízos de um povo. Quando munidos de alternativas eleitorais que se distinguem umas das outras e apresentam um escopo suficiente de posicionamentos morais, o vitorioso tende a ser aquele que mais se aproxima do que a população pensa. É o que acontece na Polônia, onde existindo partidos que defendem abertamente a ideologia de gênero ou o aborto[cxc], estes não chegam perto de ganhar uma eleição porque a maioria do povo é contra ambos.

O Brasileiro também é contra o aborto (70% se opõem), contra o casamento homossexual (64%) e contra a legalização da maconha (74%)[cxci], proporções similares às encontradas na Polônia. De acordo com uma pesquisa recente, quase um terço dos poloneses são a favor do casamento homossexual. Este percentual é similar ao de vários países sul-americanos que legalizaram tal tipo de união, como o Equador ou a Costa Rica. O que faz a diferença neste caso não é a quantidade de pessoas contrárias ou a favor, mas sim no quão convicta cada parte da população está em defender aquilo que acredita. Os poloneses conservadores sempre estiveram dispostos a resistir às pressões de minorias que querem alterar fundamentos de sua sociedade, e assim conseguem eleger partidos que corroboram tais valores.

Embora o nível de conservadorismo popular seja similar entre os dois países em vários aspectos cotidianos (embora em outros, como na religião, o brasileiro é bem mais sincrético e modernista, como escrevi no capítulo VI), no Brasil os eleitores foram e continuam, ao menos até a data que vos escrevo, privados de um grande partido com um programa conservador. Um partido que explicitamente condene ideologias abortistas, de gênero e afins tal qual a maioria dos brasileiros. Isso é um feito digno de nota: um país onde a maior parte da população se viu obrigada durante três décadas a escolher entre candidatos cuja moral pouco tinham em acordo.

Mas obrigada por quem? Qual é este cárcere que cerra milhões de pessoas entre o socialismo marxista e o socialismo fabiano? É a hegemonia gramscista, construída durante décadas por agentes ideológicos infiltrados nas universidades, redações, estúdios e gabinetes, e sua prisão de mil janelas que oferecem tantas alternativas visões do exterior que criam no encarcerado a falsa impressão de liberdade. Usando as próprias palavras de uma militante desta causa, o carioca Flavio Gordon escreveu[cxcii].

A rede de instituições culturais — as escolas, as universidades, as igrejas, os jornais, a esfera do show business — as quais Gramsci denominou "aparelhos privados de hegemonia" deve ser dominada. Como explica a escritora e ativista gramsciana Maria Antonietta Macciocchi:

Esse sistema ideológico envolve o cidadão por todos os lados, integra-o desde a infância no universo escolar e mais tarde no da igreja, do exército, da justiça, da cultura, das diversões, e inclusive do sindicato, e assim até a morte, sem a menor trégua; essa prisão de mil janelas simboliza o reino de uma hegemonia, cuja força reside menos na coerção que no fato de que suas grades são tanto mais eficazes quanto menos visíveis se tornam.

Existe uma frase atribuída a Gramsci em seus *Cadernos do Cárcere* que diz para os revolucionários deixarem de atacar tanques, tropas e quartéis, mas sim escolas, universidades e igrejas. E foi isto que aconteceu no Brasil durante o regime militar. Quando os militares derrotaram a guerrilha comunista do Araguaia e eliminaram líderes como Marighella, os revolucionários não depuseram as armas em sinal de desistência ao combate. Eles apenas trocaram de *front*, e com enorme sucesso, passaram a lutar uma guerra cultural, usando o manual escrito por Antonio Gramsci, que com tempo de sobra na prisão, decidiu unir Maquiavel a Marx. Como escreveu Olavo de Carvalho[cxciii], *No silêncio do cárcere, o referido cérebro não parou de funcionar; apenas germinou ideias que dificilmente lhe teriam ocorrido na agitação das ruas. Gramsci transformou a estratégia comunista, de um grosso amálgama de retórica e força bruta, numa delicada orquestração de influências sutis, penetrante como a Programação Neurolinguística*

Assim, findado o combate armado, os marxistas (ou agora, *gramscistas*) brasileiros se infiltraram nos cursos de pedagogia, nas editoras e nos livros didáticos, na igreja (por meio da exploração massiva da teologia da libertação), nas artes e nas universidades. Em 20 anos de esforço contínuo e com governos militares que pouco ou nada ligavam para tal enraizamento, a estratégia foi incrivelmente bem sucedida. Lutando e vencendo as batalhas travadas nas trincheiras da educação, fé, cultura e artes, os socialistas brasileiros criaram uma hegemonia que tomava por completo todas as ferramentas de influência social. De tal forma abrangente era este aparato que o cidadão mal percebia o esforço revolucionário de destruição de valores e degeneração moral no jornal da oito, na novela das nove, no livro didático de seus filhos ou em um sermão de um frei como Leonardo Boff.

Tão maior que as celas do regime militar era esta prisão ideológica, moral e da alma construída pelos opositores marxistas e preenchidas com a mente e o coração de milhões de incautos desde os bancos escolares.

A Mídia

Até 2016, a que mais brilhantemente iludia o brasileiro entre todas as janelas da prisão gramscista, era a mídia. Os meios de difusão de informação, homogêneos na sua diversidade, davam ao público inúmeras opções de mais do mesmo. Por vez nos corredores da USP, sob o canto das maritacas, conversava com os meus colegas sobre o governo Lula sendo noticiado de forma completamente distinta por revistas e jornais como a Carta Capital ou Caros Amigos em contraste com o teor agressivo e anti-lulista da Revista Veja ou Estadão, que rapidamente ganhavam a preferência entre nós por um suposto direitismo.

A ímpar obtusidade estudantil! Mal sabíamos que anti-petista estava longe de significar o mesmo que conservador, ou até mesmo direitista. Reinaldo Azevedo ou Diogo Mainardi, em suas críticas viperinas (e, no caso deste último, até eram uma leitura agradável), demonstravam apenas ter o que qualquer cidadão razoável em suas faculdades mentais teriam: uma repulsa à máquina de calamidades petista. Foi após a queda do governo Dilma Roussef que estes revelaram seus princípios. De sociais-democratas do bico amarelo como Reinaldo Azevedo, jactantes esfomeados por cliques como Diogo Mainardi ou liberais pó de arroz como Rodrigo Constantino, o que se viu foi que, na grande mídia, o conservadorismo era inexistente e o anti-petismo de certos jornalistas era uma estratégia para ganhar audiência (o que não deveria ser nenhuma surpresa, convenhamos).

A homogeneidade editorial da imprensa brasileira é facilmente vista pelo quão uniforme comunicam os grandes eventos. Quando da eleição de Donald Trump como presidente dos Estados Unidos, às três principais revistas do país noticiaram o fato em suas capas da seguinte forma[cxciv]: ninguém *imaginava que Donald Trump pudesse ganhar. Sua vitória gera incerteza no Brasil e no mundo* (Revista Época); como *o mundo torce para que as instituições dos EUA contenham os arroubos de Donald Trump* (Veja); *O triunfo da loucura: Trump entrará em guerra com o mundo?* (IstoÉ). Nos canais de televisão nacionais não foi diferente, com Rede Globo, Bandeirantes e outros profetizando calamidades globais e retração mundial em razão das eleições americanas.

O que faz com que as redações da imprensa brasileira produzam manchetes tão semelhantes? A hipótese mais inocente é que os membros dessas redações saíram das mesmas escolas, como a Escola de Comunicação e Artes da USP ou a Escola de Comunicação da UFRJ, e por esse motivo, apresentam um estilo jornalístico e uma visão similar. Esta conjectura é parcialmente errada. É menos em razão da origem nas mesmas universidades e sim em razão da auto-preservação, primeiro como estudantes e depois como profissionais submetidos a uma censura ideológica dos pares. Faz com que escondem qualquer convicção direitista nas salas, estúdios ou redações.

Quem sai da linha e não se rende ao discurso progressista, abortista ou do Foro de São Paulo têm a vida dificultada de tal forma que (parafraseando Capitão Nascimento) *ou se corrompe, ou se omite, ou vai pra guerra*. Foram para a guerra gente como Alexandre Garcia, antes colunista de veículos do grupo Globo que, boicotado pelo establishment jornalístico, seguiu caminhos independentes. Já Reinaldo Azevedo, para garantir seu ganha-pão, se corrompeu, ou apenas deixou de esconder que já era rompido desde o início.

Na Polônia, em contraste, das cinco maiores revistas do país, duas (*Newsweek* e *Polytika*) noticiaram o resultado da eleição americana de maneira igualmente alarmista tal qual uma revista IstoÉ. Já outras três publicações adotaram um tom mais sóbrio e ao invés de levar aos leitores a opinião ressentida de algum redator, preferiram adotar o caminho tradicional do jornalismo e informar os fatos, sem adjetivações ou profecias apocalípticas. A revista *DoRzeczy*, uma destas duas que optaram pelo caminho do jornalismo tradicional, informou o resultado da seguinte maneira: *Os Republicanos se sentarão na Casa Branca. Donald Trump é o vencedor das eleições americanas*[cxcv]. Desnecessário dizer que os jornalistas de viés esquerdista histericamente chamam a revista *DoRzeczy* de *direitista* ou *reacionária* somente por ela optar por não chamar Donald Trump de cavaleiro do apocalipse.

Das cinco maiores revistas semanais do país, a mais vendida é uma publicação católica chamada *Gość Niedzielny*, fundada em 1923. Embora a revista preze por temas religiosos, ela adota uma postura conservadora em importantes temas sociais, como o aborto ou a legalização de narcóticos. Em segundo lugar, vem as já citadas *Newsweek* e *Polytika*, que pouco diferem de uma Istoé ou Época. E completando, em quarto e quinto lugar vêm a *DoRzeczy* e *Wsieci*, ambas consideradas de centro-direita ou direita. Fora estas, ainda existe a substancial variedade de publicações católicas que, como narrei no capítulo VI, foi suficiente para causar surpresa no meu pai quando estávamos em uma banca de revistas.

A existência de revistas, jornais e canais de televisão de todas as partes do espectro ideológico-político faz com que jornalistas e editores não necessitem esconder suas convicções políticas por medo de perder o emprego, tal como ocorre no Brasil e resulta que todas as nossas manchetes tenham uma unissonância suspeita. A quantidade de redações dispostas a acolher um bom jornalista, seja ele liberal ou conservador faz com que este possa se preocupar mais com a qualidade e menos em não discordar de seu editor-chefe trotskysta.

A realidade de que é tão fácil definir a orientação política das publicações semanais polacas é talvez o que causaria maior espanto ao leitor brasileiro, acostumado com a ideia de que o jornalismo deve informar, e por esse motivo publicações deveriam abordar uma postura neutra. Mas este modo de pensar possui duas falhas. Primeiro que neutralidade não é condição *sine qua non* para transmitir informação. O que é necessário para o bom desempenho da função informativa é uma descrição adequada à realidade dos eventos ocorridos e sem envolver aspectos subjetivos ou emotivos, mas para isso não é necessário ser neutro, somente honesto. O segundo ponto falho é que a imparcialidade absoluta é, em geral, impossível. Sendo os redatores seres humanos, concomitante à obtenção do conhecimento necessário para escrever uma matéria vem também a formação de opinião a respeito do próprio objeto. Deste modo, salvo talvez raras exceções, a expectativa de imparcialidade total é um auto-engano e a promessa de ser isento é uma mentira.

O leitor polonês não nutre a esperança de ler revistas isentas e imparciais. Ele não espera que o semanário mais vendido do país, de orientação católica, tenha uma visão neutra sobre o aborto, ou que a progressista-liberal *Newsweek* (cujo dono é uma multinacional alemã) irá apresentar argumentos a favor da vida do nascituro com a mesma frequência que apresenta pontos de vista abortistas. Tampouco o leitor, ao abrir no metrô de Varsóvia o jornal *Gazeta Wyborcza*, pertencente a um herdeiro de uma família de comunistas, esperará que este liste pontos positivos do governo do *PiS* ou da Igreja Católica, enquanto o leitor da *Wsieci* já abre a revista esperando uma coluna de algum padre explicando sobre as ações de caridade dos sacerdotes no Oriente Médio ou África.

Enquanto isso o Brasileiro se ilude com promessas estapafúrdias de isenção, feitas por revistas endividadas até o pescoço com o BNDES e uma longa lista de favores devidos para setores políticos. O maior perigo é que o Brasileiro ao ler qualquer sorte de alarmismo pouco fundamentado, e acreditando no vão compromisso de neutralidade da imprensa, tome as palavras midiáticas como verdade absoluta. Ao entender as palavras das revistas semanais como a verdade, e não como uma opinião jornalística sobre algo que possa ser verdadeiro, o leitor bota sua capacidade de julgamento de molho. Desavisado, ele forma sua percepção de realidade mais por parágrafos opinativos do que propriamente descritivos.

O leitor de jornais e revistas brasileiro apresenta o comportamento de um Dodô. Este simpático pássaro que vivia nas Ilhas Maurício, no oceano Índico viveu isolado em seu habitat até a vinda dos holandeses. Não acostumado com o recém-chegado predador bípede e sem conhecimento de seu apetite, o Dôdo não temia o ser humano por não conhecer suas intenções e acreditar que era somente outro animal disposto a coexistir, com total neutralidade na cadeia alimentar. Virou jantar, igual as nossas donas de casa são devoradas pela liderança editorial da Rede Globo ou Editora abril, sedentas por manipular o cidadão comum para a direção eleitoral ou ideológica que lhes convier.

O leitor polonês, sabendo que a imprensa de imparcial não tem nada, pode escolher qual abordagem da mesma realidade ele deseja ler, e eventualmente, caso assim prefira, pode ler ambos os lados e a partir disto formar sua opinião (ou, como eu prefiro, não ler nenhum e usar o tempo para atividades mais frutíferas, pois tanto jornalistas de esquerda quanto de direita merecem meu tempo menos do que um Santo Agostinho ou Sêneca). Dessa forma, aquele que têm ciência da parcialidade da imprensa, não se torna o prato principal na mesa de oportunistas midiáticos.

Seja Marginal, Seja Herói?

Fora ostentar a proeza de se vender como isenta à milhões de leitores, ouvintes e espectadores quando não é, a mídia brasileira ainda comete outro atentado ao bom-senso: se intitula *opinião pública* quando segue linhas editoriais claramente distintas daquilo que a maior parte dos brasileiros pensam e defendem.

Ao tomar para si tal título (sem consulta ou votação

daqueles que a mídia diz representar a opinião), a imprensa brasileira demonstra dois de seus vários vícios. O primeiro é a pretensão. Pretensão de rebaixar à insignificância os pontos de vista da maioria da população, que não é formada na USP ou na UFRJ e não concorda que seu filho vá para a escola para aprender que beijar outros meninos é saudável[cxcvi]. Narcisisticamente, a mídia chama de troglodita tudo que não se veste de arco-íris.

O segundo vício é a investida jornalística de apelar ao *Argumentum ad populum*. Clamando o título de opinião pública, buscam causar a impressão de que uma multidão de cidadãos corroboram das mesmas posições da redatora de cabelo rosa que defende a ideologia de gênero e que acredita que o problema do país é a religião. Impressão completamente falsa, pois os juízos de um caminhoneiro ou de uma dona de casa pouco tem a ver com a da redatora. Fora falsa, é também uma afirmação ilógica. *Ainda que* a maior parte da população apoiasse a ideia dos jornalistazinhos recém-formados em comunicação e artes, isto não tornaria o posicionamento deles válido. Os anos de doutrinação pela ideia de *verdade pelo consenso* de Jürgen Habermas (um dos pais do marxismo cultural) fez com que os comunicadores brasileiros acreditem que não é o raciocínio lógico, mas sim opiniões homogêneas (o *consenso*) que definem o que é real ou verdadeiro.

Se valendo destes dois vícios, em especial do segundo, a mídia brasileira passou a criar seu próprio consenso para deste conceber sua própria verdade: a do politicamente correto. Este destoamento foi registrado por Flávio Gordon usando o estudo de Noelle-Neumann[cxcvii]:

Com base em uma pesquisa sistemática e metodologicamente sólida (...) a autora [Noelle-Neumann] nota que a opinião pública média (palavra derivada do latim medium, donde "media", em inglês; "mídia", em português; "médias", em francês, etc.) não corresponde necessariamente às ideias e aos valores da maioria da população de um país. No Brasil, por exemplo, resta claríssimo que aquela média está totalmente descolada do grosso da população, cujos valores tendem a ser conservadores, religiosos e tradicionalmente moralistas. A média da opinião pública brasileira é formada, ao contrário, por uma elite cultural altamente secularizada (quando não abertamente antirreligiosa), progressista e antitradicionalista. Essa elite tem, de certo, o seu próprio moralismo — o politicamente correto. Isso explica o aparente paradoxo de um grupo de pessoas que, gostando de se autorrepresentar como aliadas dos pobres e dos necessitados, nutrem, não obstante, um mal disfarçado desprezo pelos valores destes, que, no fundo, julgam "ignorantes", "atrasados" e "reacionários"

Se no começo deste sub-capítulo sobre a mídia afirmei que até 2016 esta era a mais eficiente janela de ilusões da prisão gramscista, o que foi que aconteceu após este ano? A resposta é talvez a mesma razão pela qual você ficou sabendo deste livro: a popularização das redes sociais no Brasil. Naquele ano, talvez como causa ou como consequência dos abalos que ocorreram no preâmbulo do impeachment, explodiu a participação dos brasileiros em grupos e movimentos sociais criados e mantidos online.

Os movimentos organizados pelas redes sociais, distintos em certos pontos de vista, tinham em comum um posicionamento destoante do majoritário entre os jornalistas, cujo establishment era até a última hora contrário a destituição da *presidenta*. O impeachment da lacaia de Luis Inácio Lula da Silva seria inimaginável em um universo onde a mídia mantivesse a hegemonia do discurso político, a unanimidade na transmissão dos fatos e o controle da narrativa sobre o que estava acontecendo no país.

Com milhões nas ruas protestando contra o governo *apesar* do boicote midiático, o ano de 2016 marcou o começo de uma era em que jornalistas, artistas e imprensa não mais possuíam o controle sobre como as donas de casa e caminhoneiros obtinham informação. Não era mais tão fácil novelas globais convencerem o povo que ser marginal é ser herói. Através de canais no *Youtube* e posts com 140 caracteres, inúmeros cidadãos comuns se tornaram celebridades descontentes, e assim as massas retiraram a oligarquia petista do poder.

Claro que não faltaram tentativas da grande mídia de segurar o osso e manter o domínio que antes possuía sobre a informação. Sob o pretexto de combater a disseminação de notícias falsas, algumas redes sociais como o *Facebook* abertamente censuram páginas conservadoras ou até que não possuíam nenhuma posição ideológica mas feriam o politicamente correto. Tudo por meio do emprego de agências de verificação que definem o que é falso ou não, frequentemente de maneira subjetiva. Pouco sabido, no entanto, é o fato que estas agências estão ligadas aos mesmos conglomerados de imprensa receosos com a perda da hegemonia, como a agência *Lupa*, hospedada pela própria Folha de São Paulo. A economista Renata Barreto escreveu a respeito na ocasião em que o facebook, em um único dia, expurgou 190 páginas de direita.[cxcviii]. De todas as *fake news*, a maior foi a suposta idoneidade das agências de *fact-checking*.

A despeito da censura, a estrada já estava pavimentada para a diversidade de opiniões além-USP. Estes novos grupos (alguns anti-petistas, mas sem profundidade programática, outros apenas oportunistas, mas alguns verdadeiramente comprometidos com o crescimento intelectual dos membros) obtiveram um resultado significativo nas posteriores disputas eleitorais. E a mídia, arrogantemente auto-nomeada *opinião pública*, surpreendeu-se ao confrontar a *opinião do público*.

CAPÍTULO X – OS VALORES

Tradição

A tradição pode ser definida como uma extensão do direito de voto, pois significa conceder o voto à mais obscura de todas as classes, ou seja, a dos nossos antepassados. É a democracia dos mortos. A tradição recusa submeter-se à pequena e arrogante oligarquia dos que apenas calham de estar andando por aí.

G.K Chesterton, em *Ortodoxia*

Enquanto escrevo as páginas deste livro, se aproxima uma das celebrações mais singulares e impressionantes da Polônia: O dia de todos os santos, ou *Uroczystość Wszystkich Świętych*, para os bravos leitores que queiram saber como eles chamam o feriado de primeiro de novembro. Ainda que não seja um feriado nacional, é ponto facultativo em vários setores da economia e muitas famílias cruzam o país.

Até esse ponto, pouco diferente dos feriados no Brasil, onde em toda antevéspera os congestionamentos na descida da serra se assemelham a uma evacuação de *disaster movie* americano. Porém, o motivo dessas famílias cruzarem o país não é para salgar o couro em praias lotadas ou visitar parques temáticos, mas sim honrar a memória de antepassados e compatriotas notáveis. Os cemitérios de todo o país enchem-se de visitantes, e milhares de *znicz* (velas dentro de frascos de vidro coloridos) iluminam as lápides dos que se foram e formam um resplandecente concerto de luzes aos antepassados.

Além de visitar e acender *znicz* nos jazigos de familiares, também são homenageados os locais onde estão os restos mortais de figuras como o compositor de óperas e balés Stanislau Moniuszko ou do escritor Boleslau Prus. Ambos enterrados em

Varsóvia no cemitério de *Powązki*, onde outros heróis nacionais estão sepultados e onde gente que mesmo sem ter nenhum conhecido por lá visita para presenciar o tapete de luzes que se forma pelos 43 hectares do local. Toda essa grande celebração, realizada por cada polaco com suas velas e lanternas coloridas, é feita em uma época onde o outono já oferece sua brisa gélida, garoa insistente e vez ou outra temperaturas próximas de zero. Mas isso não impede as multidões.

São atos como este feriado religioso nacional sob o já desconfortável clima de novembro que demonstram o respeito e preservação da memória e das tradições. Por ser uma comemoração religiosa, ela não passou inócua pelos anos de opressão comunista, que tentou mudar o nome de "celebração de todos os santos" para "dia dos mortos", retirando o caráter sacro. Tentativa em vão, já que a igreja continuou rezando pelas almas dos falecidos e chamando o feriado como deveria ser. A tentativa das autoridades comunistas de alterarem e diluir o aspecto católico de tão importante celebração é um exemplo daquilo que tão bem explicou o ex-analista da CIA Roniel Aledo, citando o filósofo alemão Max Horkheimer[cxcix]:

Horkheimer afirma en su 'Teoría Critica' que la manera de destruir la civilización occidental era el ataque sistemático a todos sus valores asociados a esta, y así, por ejemplo, defendía la destrucción del matrimonio y la familia con hijos

Os comunistas não queriam apenas apagar uma cerimônia religiosa. Queriam calar as famílias, tanto os vivos quanto os que partiram, e silenciando os antepassados, apagariam também as tradições. Extintas as fundações da estabilidade social que são as tradições, os marxistas teriam caminho livre para a imposição de todo tipo de visão de sociedade futura revolucionária que justificasse o sacrifício do próprio povo. Mas falharam, e tal qual no assassinato do padre Jerzy Popiełuszko, ao invés de extinguir um comportamento que julgavam inconveniente, acabaram por estimulá-lo. Pois assim é a antifragilidade polaca: é quando tentam suprimir a cultura e crença deste povo terminam por amplia-los com o vigor de fogo em palha seca.

Existe hoje um esforço tácito da mídia (daquela metade fiel aos ideais progressistas e laicizantes do globalismo que descrevi no capítulo anterior) de substituir a celebração do feriado de todos os santos por algo como o *halloween* americano. Ainda que um ou outro adolescente venha a aderir às festas de máscaras e fantasias, até agora essa campanha da imprensa não surtiu o devido efeito, exceto (olha a antifragilidade ai de novo) gerar contra-campanhas como a *"Não celebre o Halloween, visite o túmulo de um herói"*.

A menção ao Dia de Todos os Santos versus o americanizado e comercial *Halloween* é apenas um dos vários exemplos de tradições mantidas pelos poloneses apesar do bombardeio de Hollywood e seriados *made in* Los Angeles. Eu poderia citar outras comemorações de origem religiosa e que não perderam essa característica, como o Natal que em boa parte do mundo virou apenas uma histeria comercial. Tradições como as marchas no dia dos três reis magos, na primeira semana de janeiro, onde se encenam passagens bíblicas nos centros históricos das grandes cidades. Ou Corpus Christi, que embora não apresente tapetes decorativos tão deslumbrantes como os do Brasil, é composta de um sem-número de procissões e orações em público (algo que costuma causar uma irritação deliciosa na classe jornalística moderninha).

Além das datas com herança católica, existem aquelas tradições de um legado patriótico, como o dia 11 de novembro e sua imensa marcha por Varsóvia, onde milhares de pessoas cantam músicas patrióticas (o que também causa cólera nos jornalistas *prafrentex*, que preferem chamar crianças e idosos chacoalhando bandeiras nacionais de *extremistas* ou *fascistas*). Por fim, existem as datas comemorativas que mesclam tanto a tradição religiosa como a patriótica, como o dia 15 de agosto, onde se comemora tanto a assunção da Virgem Maria quanto a vitória contra os comunistas na batalha do rio Vístula, não-coincidentemente chamada de *O milagre do Vístula*, pois os polacos creditam a vitória à intercessão divina.

Tradições não se resumem apenas às datas comemorativas ou grandes celebrações da igreja, mas também à aqueles almoços em família, ou aos conselhos e causos passados de geração para geração. Ações que conservam o que resistiu ao teste do tempo, que foi comprovado e re-verificado através das décadas e descendências. É evitar erros que já foram cometidos por nossos ancestrais, e o privilégio de, no ponto de partida de nossas vidas termos o conhecimento acumulado e as dores da experiência de nossos tataravós. Ser tradicional é descartar a degeneração moderna, e se ancorar na sólida fundação moral, ética e religiosa construída tão arduamente pelos nossos progenitores.

O Conservadorismo: O apreço pelo que sobreviveu ao teste do tempo.

Um professor que me deu aula na USP levantou uma vez o seguinte questionamento: em um país varrido pela corrupção, com a imoralidade, mentira e desonestidade enraizada no povo e uma cultura aos frangalhos, qual seria o sentido de ser conservador? Conservar o quê de bom?

O nobre professor usou de uma lógica à primeira vista correta (como eu esperaria de um docente de matemática): se não existe absolutamente nada de valor, não há nada há ser conservado. Essa premissa é completamente exagerada. Ao conversar com qualquer senhorinha no alto de seus 80 anos (algo que recomendo que vocês jovens façam com mais frequência) e perguntar sobre as relações humanas, os valores religiosos, familiares e morais de sua juventude, o mundo descrito é outro do que vemos hoje. Quando aprendemos sobre a sociedade brasileira nos anos 40 ou 50, é notável que ou há em nossa sociedade algo a ser resgatado, ou aquele lugar onde estas velhinhas octogenárias moravam era um universo paralelo.

O que ocorreu desde então foi um aumento da influência positivista e reformadora de um estado cada vez mais gigantesco, que como uma britadeira, transtornou a maneira que os brasileiros se relacionavam uns com os outros e consigo mesmos. Essa ingerência revolucionária do estado teve sua semente ainda na época do império, onde a maçonaria (anti-conservadora por excelência, pois foram os arquitetos da revolução de todas as revoluções, a francesa) enxotou boa parte dos conservadores da igreja católica[cc]. O prestígio do positivismo revigorou-se no golpe republicano e obteve força total durante o governo Vargas, já destruindo os valores daquela sociedade que fica na memória das avozinhas (as quais irão gostar de conversar sobre o assunto com você, leitor).

O exagero de meu professor em afirmar que não vale nada a ser conservado no Brasil reside em ignorar que menos de três gerações atrás este país era funcional e razoavelmente decente. E que os valores de um povo não desaparecem tão rápido, apenas adormecem. O conservador, neste caso, é também um despertador. Se os bons costumes desvaneceram aos nossos olhos, eles resistem ao tempo na memória de muitos de nossos compatriotas, e de lá podem ser resgatados.

Esse rolo compressor do estado positivista, que no Brasil contribuiu para a decadência moral e corrupção de valores católicos que antes a sociedade carregava como um orgulhoso legado lusitano também esteve presente na Polônia, com o agravante que o estado não era sequer gerido pelos próprios poloneses, mas sim por forças de ocupação estrangeiras. As mesmas ideias anti-conservadoras foram úteis aos processos de aculturação imposto pelos alemães enquanto ocupavam a porção ocidental da Polônia. O estado grande, que não é sujeito aos valores morais ou religiosos da população, mas sim impositor destes, foi descrito pelo filósofo e historiador polonês Feliks Koneczny de tal maneira que não é possível saber se ele fala de nosso país ou do dele[cci]:

> *Os filósofos do direito ensinam que o estado é onipotente, infalível e acima de tudo moralidade, e que tudo é moral contanto que tenha sido planejado e ordenado pelo estado. [...] Tal estado maravilhoso transtorna a mente dos cidadãos, tendo o poder de moralizar tudo. Tudo o que o estado planeja é bom e moral. O que é então moral na esfera pública? O que o estado diz e só. Se você quer saber o que é bom, pergunte ao ministro. Se o ministro mudar, o que é bom também muda; pode até acontecer que seja exatamente o oposto. Esta é a ciência do estado, hoje em vigor.*

As palavras acima explicam como o estado máximo tenta transformar o que é correto, justo, belo ou verdadeiro de acordo com suas conveniências, e deste modo, degenerar os valores permanentes da sociedade. Tanto o Brasil quanto a Polônia estiveram várias vezes subjugados por essa sorte de estado-onipotente desejoso de revolucionar os princípios da sociedade tão caros e estimados pelos conservadores. No Brasil estas revoluções promovidas pelo estado foram bem sucedidas, como descrevi acima, enquanto na Polônia não. Ademais das várias instituições, como a Igreja Católica, e fatores, como o respeito aos heróis, existe mais um aspecto que protegeu as convicções do povo polaco contra os governantes revolucionários.

Arte: O erudito polonês e o grotesco para chocar idosas no Brasil.

Certa vez minha noiva estava no salão de beleza e decidiu fazer uma pegadinha. Pediu para a cabeleireira deixar ela com uma modelagem horrenda, parecida com uma medusa da mitologia grega, onde cada mecha de cabelo formava uma espécie de tentáculo. Então ela tirou uma foto e me mandou perguntando se ficou bonito. Respondi *"Um pouco..."*. Claro que eu não achei um pouco bonito, mas sim algo medonho, porém eu não usaria esse adjetivo para descrevê-la. Ela disse depois que riu com a cabeleireira, que, antes de voltar ao penteado ao normal, disse que eu era muito diplomático.

Não era diplomacia. Era essa característica interessante que nós temos com tanta frequência no Brasil, que é o receio de chamar o feio de feio e o mau-gosto de mau-gosto.A nossa falta de assertividade é muito bem definida pela expressão inglesa *Beat around the bush*, algo próximo ao que minhas tias chamavam de *ficar de rodeios*. Talvez esse comportamento até tenha algo de diplomático (e daí venha nosso relativo sucesso nesse campo durante o século XX), mas tem muito mais de incapacidade descritiva, oriunda de nossa falta de erudição.

Foi essa inabilidade que me impossibilitou de relatar para o meu pai como era magnífico o quadro *Bitwa Pod Grunwalden* (*A Batalha de Grunwald*), que com quase 10 metros de comprimento e mais de 4 de largura, está em uma das paredes do museu de Varsóvia ocupando uma área maior do que o apartamento que eu vivia nos tempos de universidade. Exalando a dor da guerra e a glória da vitória militar, o artista cracoviense Jan Matejko demorou seis anos para pintar a cena de uma das batalhas mais importantes de sua pátria. Foi necessário que meu pai, em uma de suas visitas a Varsóvia, olhasse de perto a extraordinária tela para entender a grandiosidade que falhei em expor.

O mesmo problema eu não teria para descrever muitos dos trabalhos de arte mais famosos do Brasil. *Abaporu*? Um sujeito com elefantíase sentado na grama perto de um cacto. *Operários*? Cabecinhas e chaminés. O leitor, talvez já revoltado, pode dizer que estes não foram os melhores trabalhos de arte de nosso país. E estou de completo acordo, por isso me referi como os que mais fama tiveram, já que infelizmente as cores de festa infantil de Tarsila do Amaral ofuscaram as pinceladas ora angustiantes, ora bucólicas de Pedro Weingärtner[ccii], entre outros.

A alegria constante do brasileiro, tão propagada mundo afora, esconde uma dificuldade de expressar experiências além das coloridas. Tanto pela escassez de referências nacionais nas artes modernas, como pela auto-censura dos grandes nomes de nosso passado, terminamos em um estado que Olavo de Carvalho muito bem descreve[cciii]:

Quando você se expressa, tudo se ilumina e cai sob o teu domínio. Então, uma sociedade que não tem um número suficiente de poetas, romancistas, dramaturgos não é capaz de verbalizar a sua experiência verdadeira. Resultado: cria-se um abismo entre a experiência vivida e a fala. A experiência vivida torna-se obscura, opressiva e incompreensível; e a fala só repete estereótipos. Quando você não sabe o que está acontecendo, você fala do que não está acontecendo. Isso é um estado totalmente esquizofrênico e gravíssimo.

A arte brasileira no século XX deixou de prezar pelo belo e passou a usar como indicador de referência e qualidade o *ser nacional*. Não importava se a composição *Serenata para Cordas* de Alberto Nepomuceno ou as pinturas sacras de Mestre Ataíde eram um primor estético, pois se havia demasiada influência europeia, eram consideradas inferiores ao tosco mas legitimamente nacional. O fetiche *antropofágico* (para usar a expressão de Oswald de Andrade), que pelas décadas seguintes foi justificativa para descartar muito do belo patrimônio cultural brasileiro pré-1922, não foi o fundo do poço para as nossas artes, embora tenha contribuído para o que veio depois.

Com nossos grandes nomes dos séculos XVI a XIX colocados no limbo, buscaram o que quer que fosse para preencher o vácuo artístico. Se houve algo de bom, houve também muito de ridículo ou, na melhor das hipóteses, descartável. O pior ainda estaria por vir após a redemocratização. Facilitado pelo acesso fácil a material estrangeiro via *WWW*, da década de 90 em diante emergiu a pleno vapor (e com uma forcinha de movimentos importados de universidades americanas) uma nova forma "artística". Enquanto o objetivo clássico da arte como definido por Aristóteles em 350 a.c. era o de retratar não somente a aparência externa das coisas, mas também o seu significado intrínseco, esta nova forma importada para nosso país pouco se preocupava em retratar significados e estéticas. Sua finalidade era a de causar choque. Saía de cena o belo e entrava o grotesco.

A ideia de arte como uma ferramenta revolucionária, com o objetivo de destruir valores tradicionais da sociedade, religião e família foi algo elaborado por um dos maiores ideólogos do marxismo cultural, o alemão Theodor Adorno. Um dos principais nomes da escola de Frankfurt, em sua obra *Teoria Estética* ele defende que a arte deve se livrar das amarras do belo e do sublime, de tudo que é erudito, e se dedicar a exercer o seu papel na sociedade, que para ele é revolucionário e combativo. A expressão da criatividade humana deveria não ser usada para a criação de trabalhos que resistissem ao tempo, mas sim como uma arma, como ele deixou claro em seu livro *Minima Moralia*[c-civ].

O talento talvez não seja outra coisa senão uma raiva sublimada com sucesso, a capacidade de converter energias intensificadas além do mensurável para que destruam objetos recalcitrantes.

As palavras acima, que possuem algo de psicopatia ao sugerir que o talento é somente raiva e deve ser utilizado para propósitos puramente destrutivos, mostra o ressentimento típico de outros autores da nova esquerda, dos *enragés* da Escola de Frankfurt que prosperaram nos departamentos de humanidades na Califórnia ou em Nova Iorque. Não é coincidência que o subtítulo deste livro de Adorno é *Reflexões de uma vida danificada*.

Como escrevi em capítulos anteriores, em razão da pouca presença ocidental, a arte polonesa do século XX não sofreu a mesma influência danosa de pensadores como Adorno, e portanto continuou a priorizar o belo e o estético ao invés de exposições e vernissages onde o repulsivo e bizarro dominam os holofotes. Em um teatro polonês é mais comum ter em cartaz uma peça de Anton Chekov, ou a beleza de *A Flauta Mágica* de Mozart do que o grotesco de mostras brasileiras como o pedofílico *Queermuseu* ou o vulgar *Cu é lindo*. Enquanto um cracoviense tem o privilégio de assistir os movimentos dramáticos do balé *Orfeu e Eurídice* de Willbald Gluck, o paulistano presencia os movimentos envergonhados das mãos de uma criança sobre o corpo de um homem pelado no Museu de Arte Moderna do Ibirapuera[ccv]. E há quem ouse dizer, sob a influência de Adorno e do bando de Frankfurt, a estupidez que ambos são a mesma coisa: arte.

Senso de Obrigação vs Hedonismo desenfreado

Em uma ocasião buscava músicas típicas de casamento polonês, com o intuito de aprender antes de um matrimônio que fui faz certo tempo (não que eu tivesse muita esperança de manter suficiente sobriedade para lembrar da letra completa). Então me deparei com uma canção folclórica cantada pelo noivo e pela noiva, com uma letra bastante curiosa[ccvi].

(Noivo)

Sente-se e não discuta minha querida,

Em nada irão ajudar os seus apelos

Qualquer arrependimento será em vão, os cavalos e o carro já estão preparados

(Noiva)

Eu ainda não posso ir com você!

Pois não me despedi da minha mãe,

Oh, Adeus minha doce mãe, que me criou tão bem

E não haverá mais.

(Noivo repete a primeira estrofe)

(Noiva)

Eu ainda não posso ir com você!

Pois não me despedi do meu pai

Oh, Adeus meu doce pai, foi bom vivermos juntos

E não haverá mais.

Depois a noiva se despede de quem mais ela quiser (tias, avós, etc) e entre uma estrofe e outra se entorna um *shot* de vodca, a gosto dos convidados. Farra etílica a parte, é admirável como essa canção traduz muito da passagem da vida local. A moça precisa se casar, e para isso os receios são inócuos, já que a mãe dela a *criou tão bem* para esse momento. Essa transição é definitiva, irretornável, pois *não haverá mais*. A mãe e o pai esperam que a filha que criaram utilize todo o aprendizado que eles transmitiram de modo que a menina possa ela mesma ser uma boa esposa e criar uma família.

Como seria essa música se ao invés de ser cantada em um casamento tradicional polaco, fosse em uma cerimônia entre dois paulistanos que se conheceram trabalhando em um banco na Faria Lima? Algo do tipo *Sente-se, e assine o acordo pré-nupcial minha querida, porquê no caso de você não gostar, nos separamos e voltamos para a casa de nossos pais?* No que a noiva responderia: *Eu ainda não posso ir com você, preciso fazer meu mochilão na Europa e terminar meu MBA.*

Se a música acima tão bem alude ao senso de obrigação com o futuro na Polônia, existe uma canção que igualmente expõe o nosso modo de levar a vida. Na famosa bossa-nova *A Felicidade*, Tom Jobim faz um verso que a primeira vista parece digno de Schopenhauer: *Tristeza não tem fim, felicidade sim.* A impressão de autoria teutônica cai por terra quando é revelado que a tal breve felicidade se refere ao… carnaval. Pois na música de Jobim o receptáculo de todo deleite, júbilo e satisfação é a festa antes da quarta-feira de cinzas. O resto é só tristeza. Constituir família? Construir uma casa? Deixar um legado? Nada se compara ao regojizo do samba na avenida.

Claro que apenas uma música folclórica não é o suficiente para embasar o argumento sobre o senso de dever polaco. Mas a esta altura o leitor já deve estar familiar com tantos heróis, alguns ilustres outros anônimos, porém todos com a mesma atitude de caminhar em direção às batalhas. Batalhas onde a morte era provável, mas tal medo não os impedia de marchar porque isso era o correto a ser feito. Maximiliam Kolbe poderia ter poupado sua vida ao invés de se oferecer para ser executado no lugar de um pai de família. Skorupka, Popiełuszko e muitos outros podiam ter vivido vidas felizes e tranquilas. Mas ao invés de agir norteados pelo prazer, optaram por serem guiados pela virtude.

Se a nossa música já aponta para a tendência tropical de priorizar o prazer em detrimento do compromisso, isto se torna ainda mais evidente quando percebemos que no dia a dia o brasileiro toma decisões não baseadas na verdade ou lógica, mas sim naquilo que o faz sentir-se bem. A conversão do sujeito para o espiritismo não ocorre porque ele fez uma leitura comparada de São Tomas de Áquino com Hippolyte Léon, mas sim porque ele foi em uma sessão mediúnica e se sentiu bem. A moça que decidiu se mudar para uma cidade grande não o fez tendo em vista as possibilidades de empregabilidade ou o custo de vida, mas sim porquê ela já não se sentia satisfeita morando em uma cidade menor. O marido ou a esposa largam o cônjuge, fogem com o amante e depauperam a vida dos filhos não por motivos racionais, mas porque já não estavam felizes. Dois estudantes discutindo sobre os métodos de um professor não irão perguntar um ao outro "você concorda com o professor fulano?", mas sim "você gosta do professor fulano?". Como disse Olavo de Carvalho em uma de suas aulas[ccvii], é um processo de tomada de decisão lúdica. Quase infantil.

O Brasil é onde sentir-se bem é confundido com fazer o bem

Em um país onde o prazer é o norte das ações humanas, é esperado também que fazer alguém deixar de se sentir bem, ou pior ainda, se sentir mal passe a ser justificativa para toda sorte de punições. Portanto, é também parte da neurose hedonista a terrível censura politicamente correta que se ergue no país. Aquele que *ouse* ofender outrem que aguente todo o peso da lei! É com esse raciocínio que movimentos raivosos como certos coletivos LGBT, racialistas e feministas constroem sua retórica de punir quem discordar de suas absurdas justificativas. Pois para estes, um pensamento divergente os priva da tão sagrada felicidade e mágoa os pobrezinhos.

O hedonismo brasileiro, inexistente em nenhum outro país onde morei, faz surgir outros dois fenômenos singulares de nosso país. O primeiro é a sensação de que existe uma certa maleabilidade do tempo, de que não existem obrigações típicas de jovens, adultos, esposos, pais ou avôs, mas sim que tudo pode ser feito no momento em que a pessoa se sentir melhor para fazê-los. O resultado são gerações inteiras de marmanjos que não aceitam as barbas dignas um provedor familiar e se sujeitam a roupas e modismos típicos de adolescentes. Isto faz com que sejamos uma das capitais mundiais de cirurgia plástica, pois senhoras na faixa dos 40 anos sentem-se melhor em competir com moças em casas noturnas por noites tórridas com rapazes com metade de sua idade. Faz com que nos casemos cada vez mais tarde, e nesse complexo de Robin Hood onde acreditamos que o tempo seja flexível aos nossos caprichos, desperdicemos os deleites típicos de cada fase da vida.

O segundo é que o fetiche pelo *sentir-se bem* resulta que este seja confundido com o *fazer o bem.* Um pai que atenda o pedido do filho para que ele possa almoçar apenas bombons de marzipan certamente fará o menino sentir-se satisfeito e ganhará um sorriso de satisfação na cara do garoto. Ainda assim, qualquer pai ou mãe (exceto aqueles excessivamente modernos) vê que tal atitude gera danos (e cáries, e diabetes). Este exemplo é apenas uma versão ligeiramente absurda de ações similares, como quando decidimos não criticar um colega por ele fazer um trabalho completamente vagabundo. Ah! O *beat around the bush* brasileiro.

Quando essa confusão entre *sentir-se bem* e *fazer o bem* ocorre de maneira reiterada, ela favorece uma desonestidade patológica que dá origem ao estado das coisas que vemos no Brasil, onde as pequenas mentiras são justificadas por prazeres efêmeros e impulsos de consumo, todos executados sob o pretexto de buscar a danada da felicidade. Uma mulher que acoberta um garoto que roubou chocolates de uma lojinha acredita estar fazendo o bem, quando na verdade apenas está fazendo algo que faz tanto o menino quanto ela se sentirem bem (já que a mulher expia parte das culpas por ter uma condição superior ao pequeno ladrão). Enquanto ambos se sentem melhor, o que ocorreu de fato é uma criança não sofrendo consequências de um ato imoral e ilegal, e recebendo um reforço positivo que pode abrir caminho para roubo de bens mais significantes e uma carreira no crime.

Não pretendo cair no sofisma cometido pelo "filósofo" das obviedades Leandro Karnal, quando de sua falsa equivalência entre quadrilhas partidárias que saqueiam o país e ladrões de galinha. Contudo, o hedonismo que alguns justificam como sendo típico de nosso clima quente e cultura bossa-nova leva ao fetiche pela felicidade. Ao tornar a felicidade como o valor maior da nossa existência terrena, subvertem inúmeras virtudes que as vezes impedem as pessoas de serem "felizes a qualquer custo", como a honestidade que diz que roubar chocolates é errado ou a fidelidade que impede o cidadão casado de sair com a secretária. Subvertidas as virtudes no âmbito privado, elas passam a se tornar cada vez mais raras na esfera coletiva e social. Como a natureza odeia vácuo e o morno é vomitado[ccviii], no lugar das dissipadas virtudes surgem os vícios. Da influência rotineira destes vícios surgem novas maneiras de agir. O nosso jeitinho, a nossa lei de Gérson. Assim, aquele cada vez mais raro e pouco hedonista cidadão que, ciente de sua finalidade neste mundo, decidiu ser honesto, fica pelo caminho.

CAPÍTULO XI – A RECONSTRUÇÃO

Chegando a parte final deste livro, resgato a analogia que fiz nas páginas introdutórias. Ainda saindo dos anos de profunda crise moral, econômica e social causada por governos anteriores, o Brasil tem uma missão similar ao que os países do lado oriental dos rios Oder e Danúbio tinham em 1989, embora em contexto deveras distinto em alguns aspectos. Um destes é a comunicação. Durante o comunismo os cidadãos mantinham acessa a chama da esperança por meio da rádio *Free Europe* que, localizada do lado ocidental da Europa, transmitia para o outro lado mensagens de liberdade que incluíam os sermões do padre Jerzy Popiełuszko. O domínio do establishment na mídia agora é ameaçado por uma abundante variedade de canais alternativos em todo o espectro político, incluindo aí a direita conservadora antes tão negligenciada e boicotada. Claro que assim como a rádio anti-comunista sofria com a censura das autoridades e o agora beato Popiełuszko terminou no fundo do rio Vístula, a censura ainda existe hoje, mas ao menos até o momento ela não conseguiu silenciar as infindáveis vozes dissidentes.

Embora o aspecto ativista e animado destes novos grupos de dissidência conservadora e anti-comunista que surgem no Brasil seja bastante saudável, é importante frisar que a formação intelectual e a preservação histórica tem um papel primordial. A esquerda já provou que sabe aproveitar dos momentos que pais, ainda que desejosos que sua prole seja criada com valores familiares e religiosos, os deixam nas mãos de professores-militantes prontos para dilacerar qualquer resquício de moral cristã. Enquanto os pais poloneses esperam que seus filhos saiam do ensino básico sabendo o que significa a *Kotwica* (o símbolo da resistência durante a II guerra mundial)[ccix], muitos pais brasileiros mal sabem o que esperar, portanto, fica difícil cobrar algo.

Se existe uma certeza a respeito, é que na batalha contra o fantasma marxista, contra o espectro da degeneração social e contra a besta de corrupção infantil a vitória não deve ser considerada definitiva. Talvez seja este o juízo mais importante que faço neste livro após tantas comparações entre os dois países. Os brasileiros, com o expurgo do PT dos cargos executivos entre 2016 e 2018, podem celebrar um deleitoso triunfo, mas com a total ciência que este é parcial, temporário e que a vitória definitiva ainda está distante, se é que ela é possível. Digo isto, novamente, quando observo o que ocorreu em 1989 na Polônia. Foi uma vitória, mas longe de ter sido o último combate, pois o tombo da União Soviética e do comunismo antigo veio seguido do fortalecimento de outra entidade supra-nacional. Uma entidade comprometida com uma esquerda mais rejuvenescida e global(ista), mas que também atendia pelo nome de União e trazia, em sua gênese, a ideia de destruição da família, tradição e pátria: a União Europeia.

Kalergi e os avanços globalistas

Nos meus anos de estudante da Faculdade de Economia de Administração da USP eu era um entusiasta de blocos econômicos. Como a maioria dos meus colegas, enxergava no livre comércio uma forma de pacificar o mundo e evitar conflitos. Nesta última premissa não estávamos equivocados: o comércio entre os países colabora para a paz. O nosso raciocínio errava em acreditar que todos os blocos eram criados com o intuito-maior de favorecer o comércio. Ao menos um deles não foi criado com este propósito, mas sim com base em ideias muito mais sinistras.

Ainda no ensino médio aprendi que a União Europeia (UE) surgiu como a evolução de um tratado para comércio de minérios (a *European Coal and Steel Community*) criada em 1952. Além de simplista, essa asserção é de fato falsa. É verdade que o esqueleto burocrático da ECSC foi adaptado para o que viria ser a UE, mas as ideias que deram origem ao bloco vieram antes. Já em 1941 o comunista italiano Altiero Spinelli escreveu em Ventotene na Itália um manifesto intitulado *Per un'Europa libera e unita* ("Por uma Europa Livre e Unida")[ccx], que depois viria a se tornar o programa do Movimento Federalista Europeu, fundado em 1943 pelo próprio Altiero, dois socialistas judeus (Ursula Hirschmann e Eugenio Colorni)[ccxi] e um futuro membro do grupo italiano anti-católico *Partito Radicale*. A associação tinha como cerne a idéia de enfraquecer as identidades nacionais e religiosas sob o pretexto ludibrioso de evitar conflitos como a II guerra mundial, que havia começado alguns anos antes. O Movimento Federalista Europeu e o manifesto de Spinelli são largamente aceitos como o primeiro passo das idéias que resultaram na União Européia[ccxii].

Todavia, décadas antes de o manifesto de Ventotene ser escrito, outro homem já havia estabelecido as fundações da obsessão multiculturalista e anti-nacional que resultou na União Europeia não como um bloco econômico, mas sim como um agente fagocitador de pátrias, uma monstruosidade destruidora de nações. Este homem se chamava Richard von Coudenhove-Kalergi.

O político de origem austríaca e japonesa ficou mais conhecido por ter criado a União Pan-Europeia, o qual ele presidiu até sua morte em 1972. Foi a primeira organização a apresentar a ideia de uma Europa unificada em um único estado, algo que vai muito além do conceito de bloco econômico e envolve a eliminação de nações soberanas e seus governos eleitos pelos próprios habitantes.

Para Kalergi, um povo multicultural é mais fácil de ser controlado, pois não têm uma identidade comum que os una em momentos de crise. Além disso, é fácil conquistar uma população diversificada por meio da ideia de dividir e governar. Os imigrantes recém-chegados seriam confrontados com o povo nativo, com os dois lados acreditando que são uma minoria perseguida por um sistema de leis injusto. Com imigrantes e nativos contrários ao trato jurídico nacional, seriam criadas entidades supracionais para arbitrar conflitos internos (como a própria União Europeia acabou se tornando) que antes eram resolvidos pelos governos locais.

Ao ler os sonhos de Kalergi de um governo mundial único, com suas fundações na União Europeia, já é possível enxergar algo próximo do que entendemos como ordem global, ou globalismo. É evidente o desejo do austríaco de que o projeto europeu se tornasse o modelo para uma sociedade onde uma população completamente impotente fosse dirigida inteiramente por uma elite global. Por sua vez, isto resultaria no fim da autodeterminação dos povos e na demolição do nacionalismo e do próprio conceito de nação através do pluriculturalismo. Em seu livro *Praktischer Idealismus*[ccxiii], ele explica que os cidadãos do futuro *Estados Unidos da Europa* serão uma população multicultural, sem nenhum senso claro de tradição ou identidade, portanto facilmente controlado pela elite dominante.

A reação polonesa contra Bruxelas

Tais momentos na história da civilização foram experimentados algumas vezes. Eles têm algumas características comuns, independentemente das condições de tempo e lugar: a queda da fé, mas a crendice em qualquer coisa; o colapso do raciocínio- o desaparecimento da criatividade; a destruição do bom-gosto – preferência sobre a fealdade ao invés da beleza; a decomposição da disciplina moral e a queda dos costumes; finalmente, a disseminação de várias superstições, substituindo crenças religiosas. Todos esses recursos aparecem de maneira muito proeminente na vida atual de nossa civilização.

Roman Dmowski, Kościół, naród i państwo, 1927[ccxiv]

Desde a segunda metade do século XX, a União Europeia corroeu paulatinamente a soberania dos estados-nação, tornando as leis locais subordinadas àquela decidida por figuras não eleitas e distantes. Embora o projeto de uma união delineada por Kalergi e desenvolvido por Altiero Spinelli já propunha, na primeira metade do século XX a destruição das soberanias nacionais e das tradições locais, a implantação foi gradual e demorou décadas. Tal qual um sapo que jogado em uma panela fervente, salta fora, mas se for colocado em água fria e esquentado em fogo baixo é cozido até a morte, o europeu médio não percebeu que, aos poucos, sua autonomia, culturas, religiões e idiossincrasias eram depredadas pelo leviatã disfarçado de bloco econômico.

Um dos primeiros tratados da comunidade europeia, o assinado em 1957 em Roma, abordava em sua maioria questões econômicas como a tributação entre os países. Mas nos tratados posteriores, mais e mais poderes foram sendo retirados dos governos nacionais, culminando no tratado de Lisboa em 2009. Mesmo parlamentares de longa data da União Europeia criticaram o novo tratado, como o dinamarquês reeleito seis vezes Jens-Peter Bonde, que escreveu sobre a transferência de poder dos congressos nacionais para o parlamento europeu:

É precisamente esta pedra angular democrática (o voto local) que é atropelada no Tratado de Lisboa. Não é totalmente removida, mas é transformada em algo muito distante. Na prática, está fora do quadro de referência do Tratado de Lisboa. Ainda podemos ter eleições, mas não podemos usar nosso voto para alterar a legislação nas muitas áreas em que a União tem o poder de decidir. É um processo muito, muito longo para alterar uma lei da UE nos termos do Tratado de Lisboa. O poder de fazer isso não está na maioria comum dos eleitores. Ele também exige um grande esforço em muitos países para mudar uma lei. Exclusividade de propostas: Apenas os não eleitos têm o direito de propor legislação na UE

O tratado de 2009 resultou em uma atribuição de enormes poderes legislativos à UE e sua elite de líderes não-eleitos e portanto sem a necessidade de responder ao povo. A partir daí, o que se resultou foi uma pressão de Bruxelas e Estrasburgo para que os países membros, entorpecidos por financiamentos polpudos para a construção de estradas ou aeroportos, aprovassem leis e mais leis contrárias à vontade de seus povos e suas crenças. Leis que favoreciam o aborto, o lobby LGBT, a agenda multiculturalista e anti-cristã foram aprovados em sequência sempre sob a desculpa de proteção aos *direitos humanos* e à *democracia* (dois cacoetes que a esquerda usa à exaustão para iludir desavisados)

Surpreendentemente, ainda que a Polônia tenha se juntado a União Europeia cinco anos antes do tratado de Lisboa, o país conseguiu colher os frutos de um bloco econômico (acesso ao mercado comum europeu e suas fontes de financiamento) enquanto soube resistir às pressões legais, mesmo sob ameaça de sanções ou até mesmo de expulsão do bloco. Nas últimas décadas, o esforço legislativo dos burocratas da UE resultou que o aborto seja legal em todos os países da União, exceto na Polônia[ccxv]. Também é legal ou tolerada em todo o território do bloco a eutanásia, exceto na Polônia. Desde 2013 o conselho da União Européia tornou obrigatória a promoção dos direitos LGBT como política externa[ccxvi], mas dos 28 países membros, apenas 7 continuam definindo o casamento como a união de um homem e uma mulher. A Polônia é um deles.

Inúmeras diretrizes emitidas pelos líderes da União exigem que os países membros se rendam e modifiquem suas leis para aceitar itens típicos da agenda globalista, sob pena de sanções e perdas de recursos financeiros. Até agora os poloneses preferiram não se subjugar por dinheiro, ainda que sob conflitos internos entre a população conservadora (metade oriental do país) e a progressista da metade ocidental, mais influenciada pela mídia global e eleitora de partidos de centro e esquerda. Ao resistir à agenda progressista, eles inspiram outros movimentos similares por toda Europa.

Uma frase que exemplifica a postura de resistência polonesa foi dita por Mateusz Morawiecki logo após este ser eleito primeiro-ministro em 2017[ccxvii]:

Queremos transformar a Europa, trazê-la de volta e, como eu sonho, recristianizá-la, porque em muitos lugares as igrejas são transformadas em museus.

Essa luta, que até o momento assegurou que os poloneses mantivessem valores condizentes com suas crenças, foi travada em vários dos campos de batalha já descritos neste livro: na mídia, no congresso, nas escolas. E estes valores foram defendidos por agentes também já citados: pela família, pela igreja e pelos heróis da nação.

O Brasileiro como um gato.

Certa vez um conhecido disse que o brasileiro age como um gato. Eu não entrei a fundo na analogia já que o momento, catalisado por uma farra etílica, parecia ser mais propício a tolices incoerentes, mas posteriormente, resguardado pela sobriedade da ressaca, entendi que ao menos no palco global ele estava certo. Se os cachorros são queridos por alguns pela sua amizade, latidos de boas vindas e contato caloroso, outros os detestam porque os ladros agudos de um chihuahua ardem nos ouvidos sensíveis, e a afeição do bicho às vezes deixa pelos e saliva na roupa nova. Já os gatos, em verdade estes não possuem tantos admiradores ferrenhos quanto os caninos, mas tampouco despertam a mesma repulsa nas pessoas mais avessas ao contato. A maioria dos gatos não requer tanta atenção ou proximidade. Eles ficam lá, no canto deles, com seus pelos limpos e brilhantes, agradando visitantes pela beleza e vez ou outra sendo tocados por mãos que os acariciam por uma brevidade, sempre tomando cuidado para não chegar em uma região sensível, o que resultaria em arranhões. Ou balas perdidas.

Somos admirados pela nossa beleza, e por outros items

superficiais como nossa música, mas durante os principais eventos mundiais do século XX fomos coadjuvantes. Como felinos, ficamos em nosso canto arranhando sofás e ronronando para visitantes que vêm para se encantar com nossa beleza. Ainda que nosso esplendor faça com que não sejamos desprezados, preferimos ficar alheios às enormes mudanças e ameaças que surgem no planeta e contra as quais não somos imunes.

Orgulhosos da posição de vedete estético-natural (mais pelos méritos da natureza do que pelo esforço humano), nos deixamos guiar por tendências importadas que se espalham pela mídia impressa e televisiva mais rápido do que fogo em eucalipto australiano. Com a prudência de uma criança travessa o brasileiro é ludibriado por discursos originados em universidades nova-iorquinas e importados por professores USPianos. Se o estelionatário intelectual tiver o título de doutor, então o delito fica mais fácil ainda.

Foi dessa forma que em um espaço de poucas décadas, *intelectuais* das universidades públicas brasileiras convenceram uma parte do povo de absurdos. Absurdos como o de que a desigualdade é a culpada pela violência e não a impunidade ou a glamourização da vida criminosa. Absurdos como o de que a fórmula da felicidade é a liberdade sexual, auto-gratificações inconsequentes e o uso recreativo de narcóticos no lugar da vida monogâmica e familiar, testada ao longo de milênios e que construiu a sociedade onde estes doutores encontram agora palanque para empulhar os populares.

"O meio mais fácil de ser enganado é acreditar ser mais inteligente que os demais", afirmou o nobre francês François de La Rochefoucauld em uma época que o Brasil sequer existia como país independente, mas que soa adequado ao estado mental de Marcelo Eduardo Cavalcanti, jovem de classe média alta, estudante da UNESP[ccxviii] e que crê possuir um intelecto superior por ouvir as cretinices de filósofos como o Sr. Leandro Karnal ou de sociólogos como a Sra. Marilena Chauí.

Ideias como a de que uma criança deve decidir o seu gênero, pois ter pipi ou pepeca não significa nada, algo que seria um despautério para um pequeno pecuarista de Cajobi[ccxix], para o Marcelo Cavalcanti são o ápice da evolução social. Ainda que todo o legado do ocidente, da civilização latino-cristã e o conhecimento científico acumulado prove que isso é uma sandice, o Marcelo se acredita muito inteligente para admitir que os "grandes intelectuais" que ele lê são picaretas. Acredito que os gatos também se devem crer inteligentes enquanto são enganados pelo próprio reflexo.

CAPÍTULO XII – EM QUE NÓS JÁ ESTAMOS MELHOR?

Señoritos satisfechos

Previamente escrevi sobre algumas das tragédias que acometeram a nação polonesa (digo algumas porque é inviável listar todas em um único volume). Apesar de todos esses percalços e destruições, desde as últimas décadas o país vive uma prosperidade que não encontra par na Europa. A situação incrivelmente pacífica, a quase-inexistência de ameaças externas (exceto um ou outro conflito diplomático por gás natural), a segurança interna e o crescimento econômico intocado pela crise global de 2008 tornaram um lugar antes empobrecido e com escassos recursos em uma nação próspera e promissora. Ao invés de faltar trabalho, sobram vagas.

É incerto quando exatamente começou essa *Pax Polonica*[ccxx]. Se a partir de 1992 o PIB do país começou a crescer e os investimentos em infra-estrutura e qualidade de vida se aprimoraram, ainda existia uma inflação em níveis argentinos que só foi controlada graças ao plano *Balcerowicz* no final da mesma década[ccxxi]. Domado o dragão inflacionário, iniciou-se a era de prosperidade que no tempo que vos escrevo já conta ao menos duas décadas.

Duas décadas. Tempo suficiente para que uma geração inteira se estabeleça sem conhecer a violência e os estupros dos soldados soviéticos que antes aterrorizaram as avós, sem gastar horas na fila para comprar pão, sem o temor de que o padre da igreja do bairro seja preso ou morto pela *Służba Bezpieczeństwa* (serviço secreto comunista, extinto em 1990), sem conhecer o desabastecimento ou o desemprego. O desconhecimento destes sofrimentos faz com que esta nova geração vez ou outra esqueça que uma sociedade pacífica, um ambiente seguro e uma economia estável não são inerentes a existência. Que estas benesses não deveriam ser tomadas por garantidas.

Carlos Ramalhete, em coluna para o jornal Gazeta do Povo[ccxxii], escreveu sobre o arquétipo do *señorito satisfecho* definido pelo espanhol José Ortega y Gasset e que é demasiado pertinente à estes moços e moças frutos da prosperidade recente:

Quando Ortega y Gasset escreveu sua Rebelião das Massas, quase 90 anos atrás, ele precisou a figura do "senhorito satisfeito". É alguém que se congratula pelo que outros fizeram, que acha que toda a civilização e cultura que o circundam caíram prontas do céu, porque ele merece. Sorridente, ele dá tapinhas nas próprias costas e celebra incessantemente a si mesmo, a seu próprio gosto, a sua própria situação.[...] Ele é como um herdeiro que só faz dissipar os bens que seus ancestrais conquistaram, na certeza confiante de merecer cada mimo que se dá. O máximo que pode buscar em termos de novo conhecimento é alguma sofisticação passiva, como fazer um curso de apreciação de vinhos ou de cervejas. Afinal, ele sabe que merece uma boa cerveja, ele sabe que merece um bom vinho.

Foi necessário muito suor e sangue de gerações inteiras para que essa paz seja alcançada. O mérito não é destes jovens. Deles mais apropriada seria a gratitude, temperada por uma dose de prudência antes de sugerir ideias que, sob o disfarce de novidades, guardam os mesmos monstros que antes assombraram seus avós.

Uma Varsóvia mais Berlinense

Logo após me mudar para a capital polonesa, em um desses fóruns de redes sociais de *expats* (toda grande cidade da Europa tem um, e o nome quase sempre é algo como *Expats in* + nome do lugar) me confrontei com uma discussão entre um imigrante recém-chegado e empolgado com o novo país e um jovem polaco que por algum motivo estava em um fórum de estrangeiros reclamando sobre como sua cidade teria de mudar muito para ser *a nova Berlim*.

Vejo que na imprensa as comparações com a cidade alemã são numerosas. Vêm de lugares como uma revista de arquitetura dizendo que Varsóvia está se tornando a nova Berlim devido aos arranha-céus de vidro[ccxxiii], de uma entrevista de um político de centro-esquerda para um jornal europeu onde fala sobre as aspirações de se tornarem iguais no futuro[ccxxiv], ou mesmo de um grande jornal impresso do país (do qual George Soros é um dos acionistas) dizendo que Varsóvia não será a nova Berlim por causa da *mentalność* (mentalidade) dos moradores[ccxxv]. Entre vários outros exemplos.

Mas por quê Varsóvia precisaria ser a nova Berlim? Foi a primeira pergunta que me veio logo quando vi a discussão na rede social. As comparações com a vizinha ocidental sempre são feitas tendo em vista a superioridade de uma vida em cafés, jardins e galerias. Galerias onde ocorrem intervenções artísticas abstratas de aleijamento estético similar aos que se veem nas universidades federais brasileiras. A juventude *varsovienne*, após entrar em algum curso de humanidades nas universidades mais progressistas, ou visitar por alguns fins de semana os *klubs* alemães, se ilude e volta desejando a transformação de sua cidade. Todo esse desejo se baseia em premissas hedonistas modernas. Ele não deseja que Varsóvia se equipare a Berlim nas artes clássicas como a ópera ou a literatura. Até porque nesse ponto a capital polonesa não está atrás. Os compositores berlinenses provavelmente admiram o legado artístico de um Moniuszko, e os pintores de lá devem ficar com a mesma perplexidade que eu quando vi as pinturas que Belloto fez da capital polaca.

O desejo juvenil de virar uma nova Berlim não é pelo legado artístico, mas por um hedonismo livre de quaisquer amarras morais. Que durante o dia se reflete em solteiros trintões passeando com lulus da pomerânia e durante a noite berlinense explode em uma efusão de degradação estética, em favor de pichações, perversões e toda sorte de diversão que até atrai mancebos, mas que quando tomada como propósito de existência, resulta em frustrações e vez ou outra suicídio. Para o *señorito satisfecho* de classe média alta, frequentador da *Starbucks* e estudante da SWPS (uma espécie de IP-USP da Polônia), o que importa é ser feliz, se sentir bem. É festa.

Ao desejar que somente pela farra e passatempo, a cidade se transforme naquilo que ela nunca foi, um grande *playground* multicultural e multissexual para adultos, terminam por corroer as próprias bases civilizatórias que construíram sua grandeza. Isso explica a kafkiana manchete de um jornal berlinense[ccxxvi] sobre como o ódio contra os alemães é preocupante na capital germânica, em uma cidade que de germânia já tem pouco.

Filhotes do Caos

Se décadas de prosperidade tornaram parte dos jovens poloneses (especialmente aqueles das grandes cidades, como Stanislaus Kowalski, que gosta de beber seu Pumpkim Latte nos arredores do cine *Illusion* em Varsóvia, enquanto aguarda a exibição de filme mudo recomendado pelos seus amigos do curso de jornalismo da SWPS) pouco habituados a choques na vida, o mesmo não pode ser dito do brasileiro. Em um país onde a tentativa de reunir toda a legislação tributária em único livro resultou em uma obra de mais de 2 metros de altura e 7.5 toneladas (mais do que nove vacas, quatro carros ou um *Tiranossauro Rex*), onde em apenas um ano em uma cidade como Natal são assinadas mais pessoas que em três anos na Polônia inteira, onde a moeda ter 25 anos de existência é um recorde moderno, a tranquilidade dá lugar à desordem, barafunda e obscuridade. Ainda assim, neste pandemônio bossa-nova, Rodney, 27 anos, entregador da Pizzaria do Odair, com ensino médio completo e ex-jogador do dente de leite do Guarani, consegue sobreviver.

Stanislaus escutou vez ou outra sobre a tal de hiperinflação que ocorreu na Polônia. Mas para ele qualquer risco de inflação desapareceu com a extinção do *PZPR* (Partido Operário Unificado, que governou o país durante os 41 anos de regime comunista). Ele pensa que discutir sobre isso é falar sobre fantasmas do passado, sobre algo que não tem a menor chance de acontecer de novo. Perda de tempo. Para o estudante de jornalismo *varsoviano* a estabilidade econômica é algo tomado como garantido e inquebrável. Sem estresse, ele dá mais um gole em seu *Spice Pumpkin Latte.*

Ainda que Rodney não tenha vivido a hiperinflação brasileira, ele escuta as histórias contadas pelo *sêo* Odair Rossi, dono da pizzaria onde trabalha, sobre uma época onde menus eram todos rabiscados em razão de reajustes nos preços. Do chefe ele também escuta as reclamações diárias sobre as leis complicadas, impostos vindos de toda parte, inspeções da vigilância sanitária, da receita federal, do ministério do trabalho, vistoria do corpo de bombeiros, certificações de limpeza e desinfecção das águas, registro da junta comercial, NIRE, secretária da fazenda, e isso, e aquilo, e todo o mais. Com a desenvoltura de um camisa 10 da seleção canarinho, *sêo* Odair conseguiu driblar a dúzia de zagueiros em um desequilibrado jogo para empreender em um país hostil, onde durante décadas não somente o time adversário, como os juízes e todo o estádio entravam em campo para derrotá-lo. Mas ele continua jogando. Às vezes sem sono, às vezes com alguns quilos a menos e sinais leves de depressão, mas ainda assim, com a heroicidade de um hoplita ele continua a empreender.

Embora tenha apenas 27 anos e menos de dois de vida profissional, Stanislaus já está no terceiro emprego. Ele nunca foi demitido. As mudanças a cada seis meses são resultados da sedução exercida pela vasta oferta de vagas na sua área. Assim, cada vez que surge algo diferente, com um salário melhor e uma descrição mais apetecível, o rapaz não hesita em ligar, e no próximo dia já anunciar sua partida. Regojizos proporcionados por um país onde o desemprego é de apenas 3.3%. Quiçá no próximo semestre ele até peça demissão de novo, mas dessa vez não para trocar de emprego, e sim para tirar um semestre sabático fazendo mochilão na Tailândia. A hipótese de não arrumar trabalho quando voltar não passa por sua cabeça.

Rodney acorda cedo para trabalhar desde que tinha 16 anos. Aos 27, já somam 11 anos de experiência. Tal qual como Stanislaus, mudou várias vezes de emprego. Algumas vezes seus empregadores quebraram, em outras tiveram de cortar custos, e outros eram meros empregos temporários. Durante a crise econômica dos anos de 2015 e 2016, passou vários meses sem ter onde conseguir um ganha-pão, então racionou dinheiro mantendo uma dieta que dia após dia era arroz e ovo frito. A vida de bicos e *freelances* fez com que ele conhecesse quase todas as linhas de ônibus da cidade. Quando finalmente arrumou o trabalho de entregador de Pizza, não mudou muito seus hábitos, pois se sabe lá quando vêm a próxima crise e mais uma demissão. Gastando pouco, conseguiu economizar e quitar sua motocicleta. Livre de dívidas, inicia uma poupança que na próxima turbulência vai ajuda-lo a comer algo além de *arroz xau xau*.

Stanislaus tomou o primeiro empréstimo antes mesmo de começar a trabalhar. Era para iniciar seus estudos de Jornalismo, e os pagamentos começariam apenas depois da formatura. A economia galopante e vagas de trabalho sobrando lhe deram a certeza de que não precisava se preocupar se conseguiria pagar a dívida. Fora o empréstimo estudantil, ele fez também um crediário para trocar seu telefone, adquirir um patinete elétrico, e talvez irá dividir em algumas parcelas a passagem de seu mochilão pela Ásia. Fazer uma reserva de segurança para contingências é algo inimaginável, pois desde que se conhece por gente, Staszek[ccxxvii], como é chamado pelos amigos, nunca conheceu um grande imprevisto que necessitasse de uma reserva. Ele pensa que dinheiro no banco não traz alegria, já vodca no copo e musica na caixa sim. O que sobra de seu salário como estagiário ele gasta em *pubs* e festas nos arredores da *Plac Zbawciela*, na rua *Mazowiecka* ou eventualmente se presenteia com uma viagem para aquela cidade com a qual ele sonha que Varsóvia se torne igual: a tolerante e explosiva Berlim.

Seu Odair e Rodney tem uma relação profissional tranquila, com conflitos ocasionais (mas sem nenhum insulto, até porque Seu Odair já teve problemas demais com a tal da justiça do trabalho). O rapaz pensa que talvez possa um dia ter sua própria pizzaria, embora as olheiras e as 12 horas de trabalho do chefe façam ele repensar se isso é realmente uma boa ideia. O que realmente não passa pela sua cabeça é fazer *157* ou qualquer outra atividade ilegal, ainda mais depois de perder um primo para o tráfico. Talvez em breve Rodney se case e tenha filhos, e ele quer ser um bom exemplo. A namorada, caixa de supermercado, gosta da ideia de crianças espalhando alegria pela casa e fazendo companhia para os avós.

O horizonte de planejamento de Stanislaus vai até o próximo verão, que é quando ele voa para Bangkok para seu semestre de férias. Ainda não tem em vista um relacionamento estável, quanto mais ter filhos. O seu daschund já é uma excelente companhia. A visão que o jovem estudante de jornalismo tem das drogas é aquela romantizada, de que índios *cocaleros* da Bolívia subsistem graças ao plantio das folhas que fazem a alegria das festas europeias (depois da adição de inúmeros químicos fabricados bem longe do altiplano andino). Uma criança significaria menos tempo para festejar, viajar e ler. Ler muito. A leitura é um dos hobbies favoritos de Stanislaus, principalmente a literatura recomendada pelos seus professores de jornalismo. Leu recentemente *Diários de Motocicleta* de Che Guevara, a biografia de Lenin escrita por Lukács e a teoria crítica da sociedade de Marcuse.

Rodney não costuma ler, prefere jogar futebol e truco, pois de tanto o sêo Odair dizer que as novelas só mostram *sem-sem-vergonhice* e que os jornais servem para manipular o povo, Rodney não comprou uma televisão nova depois que a antiga se perdeu na enchente. Ele tampouco lê jornal (exceto a parte de esportes onde acompanha as notícias da série B do campeonato brasileiro). Seu Odair lhe deu dois livros usados de presente, afirmando que depois de ter lido ambos (os quais ele foi tomar conhecimento em um grupo do *Whatsapp*), reparou como a realidade percebida era distinta da realidade criada pela mídia, e como existia um esforço tremendo para destruição de nossa sociedade, religião, família e valores. A mudança de comportamento do dono da pizzaria acendeu a curiosidade do rapaz, que pensa em lê-los durante suas férias em Mongaguá.

O Brasil tem muito a aprender com a Polônia e parte deste muito busquei escrever neste livro. Pontos como resgatar a memória dos heróis da pátria e libertar os bons exemplos de nossa história; não nos envergonharmos da cultura cujo legado herdamos; não deixar que agendas externas falsifiquem nosso passado e contaminem nossas crianças; preservarmos a autoridade e responsabilidade da família na educação; desenvolver um ensino permeado pela alta cultura e voltado para a sociedade imediata, e não para o serviço de ideologias; valorizar uma igreja reverente e patrística ao invés da contaminação por modernistas; buscar uma imprensa que não prometa imparcialidade, mas sim que deixe claro para qual lado é parcial; preferir uma mídia que traga informações ao invés de buscar formar opiniões; sustentar valores que sejam fundamentados em verdades permanentes, e não em relativismos modistas.

Ainda que a lista de lições a serem aprendidas por nós seja extensa, existem também as fraquezas que podem ser observadas nas metrópoles polonesas. Os vários Stanislaus que se espalham pelos *boulevards* das grandes cidades do país quebram com a tradição de resiliência, fé e obstinação que construíram o país centro-europeu. Eles ainda não são numerosos, mas o conforto de uma economia pujante e a estratégia de grupos internacionais em transformarem o jovem comum em um *Staszek* bebedor da *Pumpkim Latte* é tão preocupante quanto aquela pontada no abdomem, que pode ser apenas um mal-estar ou uma perigosa apendicite.

Se há algo que acende uma centelha de esperança em nossa alma, é a existência de Rodneys e Odaíres. Destes jovens e senhores cujo suor permitiu que nossa nação perseverasse pelas tormentas da história. Brasileiros cuja impossibilidade de frequentar uma universidade também os poupou de serem contaminados pelo ideário frankfurtiano pós-moderno. E que desde que o *Whatsapp* e outras redes surgiram, lograram fugir do discurso hegemônico da esquerda. Homens de epifania recente como o Odair da Pizzaria, que recém-saídos da prisão de mil janelas gramscista, já espalham o gérmen da fuga. Quiçá as chaves da cela estejam contidos naqueles dois livros usados que ele deu de presente para Rodney. Talvez um dos livros seja de um autor como o saudoso Plínio Corrêa de Oliveira. Quem sabe o outro, de autoria mais modesta, porém não menos bem-intencionada, seja este que aqui encerro.

Gostou deste livro?

Caso você tenha gostado da leitura, eu ficaria imensamente grato em ver sua opinião na Amazon.com (https://www.amazon.com.br/dp/B081S2GVW3), Goodreads (https://www.goodreads.com/book/show/49079230-o-que-o-brasil-pode-aprender-com-a-pol-nia) e Clube dos Autores (https://clubedeautores.com.br/livro/o-que-o-brasil-pode-aprender-com-a-polonia). A sua opinião positiva certamente vai servir para que mais pessoas leiam este livro.

AGRADECIMENTOS

Ao leitor, por ter chegado até aqui.

Aos amigos de Ribeirão Preto, São Paulo, Catar e Varsóvia, pelas inúmeras conversas sobre a sociedade, condição humana e perspectivas para o nosso país, que tanto contribuíram para a minha evolução intelectual.

A todos que leram partes deste livro, meu primeiro, e contribuíram com opiniões, críticas e sugestões: David Conceição, Rubya Beranger, Stephanie Porter, Gustavo Fontes, Arthur Vezneyan e outros que porventura eu não me lembre.

À minha mulher, Marta Kaluga, primeiro por ter me ajudado a encontrar a direção correta no transporte público, depois durante nossas viagens por seu país natal. E por fim, por tolerar todas as minhas estranhezas.

Aos meus pais, que me criaram e me prepararam tão bem para que eu pudesse sair de casa e sobreviver mundo afora.

E a Deus, por permitir uma sequência incrível de "coincidências" em minha vida, que me trouxeram não o que eu havia pedido, mas sim o que eu necessitava.

OUTROS LIVROS
E TRABALHOS
DO AUTOR.

Moving Out, Working Abroad and Keeping Your Sanity: 11 secrets to make your expat life better than you imagine – Quais os segredos para evitar decepções enquanto se vive no exterior, e tornar sua vida mais próxima daquilo que você sonhou? A partir de sua experiência de 8 anos vivendo em três continentes, Levi Borba escreve sobre as regras que ele gostaria de saber antes de ter embarcado pela primeira vez.

Disponível (em inglês) em: https://www.amazon.com.br/dp/B084GF14CZ

Colligere Expat Consultancy: Uma consultoria focada em auxiliar os que queiram viver em países como Polônia, Chile e Brasil. http://expatriateconsultancy.com/

---

[i] Dados obtidos da base do Banco Mundial. Disponível em data.worldbank.org (acessado em 16 de novembro de 2019)

[ii] Dados obtidos da base da UNDP – *United Nations Development Programme*. Disponível em http://hdr.undp.org/en/indicators/137506 (acessado em 16 de novembro de 2019).

[iii] Digo a maioria porquê mesmo nos mais perversos regimes comunistas sob a esfera soviética, existiam aqueles que tinham uma vida confortável. Membros do partido, altos funcionários públicos e *freeriders*, por

exemplo.

[iv] Dados obtidos da base do Banco Mundial. Disponível em data.world-bank.org (acessado em 16 de novembro de 2019)

[v] Dados obtidos da base da UNDP – *United Nations Development Programme*. Disponível em http://hdr.undp.org/en/indicators/137506 (acessado em 16 de novembro de 2019).

[vi] Dados acessados da base do *State statistics service of Ukraine*.Disponível em www.ukrstat.gov.ua. (acessado em 16 de novembro de 2019).

[vii] *Study shows 95% of Poles are religious*, Radio Poland, 2017. Disponível em http://archiwum.thenews.pl/1/11/Artykul/293281,Study-shows-95-of-Poles-are-religious (acessado em 16 de novembro de 2019)

[viii] Wardzyńska, Maria; *Był rok 1939 Operacja niemieckiej policji bezpieczeństwa w Polsce. Intelligenzaktion,* IPN Instytut Pamięci Narodowej, 2009

[ix] Banco de dados estatal, disponível em stat.gov.pl (acesssado em 16 de novembro de 2019)

[x] Ostrowska, Joanna & Zaremba, Marcin; *Kobieca gehenna" (The women's ordeal)*, Em polonês, 2009, Polityka. p.64–66.

[xi] Applebaum, Anne; *Iron Curtain, The Crushing of Eastern Europe*, p.32

[xii] Ilha de Vera Cruz foi o primeiro nome dado pelos portugueses ao Brasil.

[xiii] O nome original é Mieszko I. Tal qual a maioria dos outros nomes presentes nesse livro, optei pela versão aportuguesada, já que a língua polonesa tem caracteres especiais e dígrafos que inexistem ou com dificil pronúncia no idioma português, como é o caso do *sz* no nome acima.

[xiv] Gengis Khan teve 6 filhos, mas um sem-número de netos. Estimam que a quantidade de descendentes do chefe mongol hoje pode chegar a 16 milhões de pessoas. Zerjal, T; *The Genetic Legacy of the Mongols,* The American Journal of Human Genetics, 2003, pp.717-721

[xv] Houveram outras duas invasões mongóis, em 1259 e 1287.

[xvi] Gawęda, Marcin; *Połonka-Basia 1660*, Varsóvia 2005, Bellona, p. 243

[xvii] Disponível em https://dzieje.pl/aktualnosci/potop-szwedzki-przyniosl-polsce-straty-o-wartosci-4-mld-zlotych (acessado em 04/08/2019)

[xviii] Friedman, Francine; *The Bosnian Muslims: Denial of a Nation*, 1996 WestviewPress.

[xix] *Sura Baqarah*, Verso 30

[xx] Tucker, S.C.; *A Global Chronology of Conflict*, Vol. dois, 2010, Santa Barbara.

[xxi] Tucker, S.C.; *A Global Chronology of Conflict*, Vol. dois, 2010, Santa Barbara.

[xxii] Wagner, Marek; *Wojna polsko-turecka w latach 1672-1676*, 2009, Infort Editions, p 392,

[xxiii] Podhorodecki, Leszek; *Wiedeń 1683*, 2001, Bellona, p.105

[xxiv] Tucker, S.C.; *A Global Chronology of Conflict*, Vol. dois, 2010, Santa Barbara.

[xxv] *Chcą nam odebrać Victorię wiedeńską?*, do portal pch24.pl (acessado em 08 de Agosto de 2019).

[xxvi] Wandycz, Piotr Stefan; *The Price of Freedom: A History of East Central Europe from the Middle Ages to the Present, 2001, Taylor Francis Group, p.133*

[xxvii] Szaniawski, Jozef; *Tygodnik Katolicki "Niedziela"*, 2011 (acessado em 06 de agosto de 2019)

[xxviii] Nowik , Grzegorz; *Zanim złamano Enigmę: Polski radiowywiad podczas wojny z bolszewicką Rosją 1918–1920* [Antes do Enigma ser quebrado: Transmissões radiofônicas da guerra com a Rússia bolchevique 1918-1920"]. Varsóvia, RYTM Oficyna Wydawnicza.

[xxix] Subtelny, O. *Ukraine: A History*, 1988, Toronto: University of Toronto Press. p. 375.

[xxx] Davies, Norman Richard *White Eagle, Red Star: the Polish-Soviet War, 1919–20*, 2003, Nova edição, New York: Pimlico / Random House Inc.

[xxxi] Szaniawski, Jozef; *Tygodnik Katolicki "Niedziela"*, 2011 (acessado em 06 de agosto de 2019)

[xxxii] Koskodan , Kenneth K., *No Greater Ally: The Untold Story of Poland's Forces in World War II*, 2009, Osprey Publishing

[xxxiii] Zamoyski, Adam; *The Forgotten Few: The Polish Air Force in the Second World War*, 2000, cap. 1-3

[xxxiv] Koskodan , Kenneth K., *No Greater Ally: The Untold Story of Poland's Forces in World War II*, 2009, Osprey Publishing

[xxxv] Dróżdż, Krzysztof Henryk; *Przyczynek do badań nad stanem liczbowym załogi Wojskowej Składnicy Tranzytowej na Westerplatte we wrześniu 1939 roku*, 2013

[xxxvi] Laskowski, Piotr, *Kompania szturmowa Kriegsmarine w walkach na Westerplatte 1939 r*, 2008. Przegląd Morski (em polonês), p 55–63.

[xxxvii] Koskodan , Kenneth K., *No Greater Ally: The Untold Story of Poland's Forces in World War II*, 2009, Osprey Publishing

[xxxviii] Koskodan , Kenneth K., *No Greater Ally: The Untold Story of Poland's Forces in World War II*, 2009, Osprey Publishing

[xxxix] Gregor Dallas; *1945: The War That Never Ended*, 2005, Yale University Press, Google Print, p.79

[xl] Algumas fontes argumentam que sim, os soviéticos enviaram ajuda aos poloneses na resistência aos nazistas. Poucos mencionam no entanto que essa "ajuda" era somente alguns poucos soldados de origem polaca que se voluntariaram para ir ao outro lado. Nenhum tanque ou blindado, apenas homens que insistiram para ir. Foi essa a "ajuda".

[xli] Estes relatos que eu cito, bem como outros, podem ser lidos no excelente livro de Kenneth Koskodan, *No Greater Ally: The Untold Story of Poland's Forces in World War II*, 2009, Osprey Publishing

[xlii] Paczkowski, prof. Andrzej; *Pół wieku dziejów Polski 1939–1989 (Half a Century of the History of Poland 1939–1989)*, 2003, Institute of National Remembrance, Varsóvia: Wydawnictwo Naukowe PWN.

[xliii] Courtois, Stéphane; et al.; *The Black Book of Communism: Crimes, Terror, Repression*, 1999 Cambridge, Massachusetts: Harvard University Press. p. 382.

[xliv] Modzelewski, Karol; *Zajeździmy kobyłę historii*, Iskry.,Varsóvia 2013, p. 66–67.

[xlv] Na ceia de natal, que acontece na noite do dia 24 de dezembro, é tradição na Polônia servir aos convidados 12 diferentes pratos, um para cada apóstolo. Tradicionalmente nenhum deles contém carne, exceto peixe.

[xlvi] Michael T. Kaufman para o jornal The New York Times, Aug. 18, 1989

[xlvii] Dados obtidos do website do Banco Mundial. https://www.worldbank.org/ Acessado em 7 de agosto de 2019.

[xlviii] Taleb, Nassim; *Antifragile: Things That Gain From Disorder*, 2012, Random House, New York, p.52

[xlix] Um questionamento alguns farão é: Se a Polônia é tão formidável assim, por quê ainda está longe de alcançar o grau de desenvolvimento dos outros países da Europa ocidental? Esse é o típo de questão que mais revela sobre o questionador, já que este ignora que até 1989 o país era subjugado pelo comunismo, enquanto a Europa ocidental não teve o mesmo azar. Portanto a comparação que deve ser feita é com outros países que até 89 estavam sob o mesmo contexto, como Ucrânia ou Bielorrúsia. E estes estão em situação consideravelmente pior do que os poloneses, tanto do ponto de vista social quanto econômico.

[l] É algo a se pensar como tantos professores brasileiros usem o verbo *libertar* para descrever uma revolução que resultou no *reino do terror* e foi marcada por inúmeros massacres de inocentes, como o das freirinhas carmelitas de Compiègne

[li] Historiador Janusz Kotański, entrevistado por Michał Płociński para o jornal Rzeczpospolita, *Ksiądz Ignacy Skorupka, symbol zwycięstwa w Bitwie Warszawskiej*, 14 de agosto de 2013.

[lii] Janusz Kotański, entrevistado por Michał Płociński para o jornal Rzeczpospolita, *Ksiądz Ignacy Skorupka, symbol zwycięstwa w Bitwie Warszawskiej*, 14 de agosto de 2013.

[liii] Janusz Szczepański, *Kontrowersje wokół bitwy warszawskiej 1920 roku*, 19 de Maior de 2003, Mówią Wieki.

[liv] A grife polonesa *Red is Bad* é famosa por suas peças de apelo patriótico. Um dos modelos de camiseta feitos em homenagem ao capitação Pilecki pode ser visto nesse link: https://www.redisbad.pl/rotmistrz-witold-pilecki (acessado em 10 de Agosto de 2019)

[lv] Um dos vários exemplos de arte de rua em homenagem ao capitão Pilecki foi feito em Siedlce. Ver em https://www.sw.gov.pl/aktualnosc/zaklad-karny-w-siedlcach-bratanek-rotmistrza-witolda-pileckiego-z-prelekcja-w-zk-siedlce (acessado em 10 de Agosto de 2019).

[lvi] Jan Wysocki Wiesław, Rotmistrz Pilecki. *Gryf*, 1994.

[lvii] Ewa K. Czaczkowska, *Chcą beatyfikacji Pileckiego*, Rzeczpospolita. Nr 249 (8150), 24 de Outubro de 2008, p. A9

[lviii] Witold Pilecki, Jarek Garlinski (Tradutor), Michael Schudrich (Prefácio), *The Auschwitz Volunteer: Beyond Bravery*, April 2012 pela Aquila Polonica Publishing (publicado inicialmente em 1945)

[lix] Ryszard Bender, *Powstaniec-zakonnik*. Varsóvia, Instytut Wydaw-

niczy „Pax", 1977, p.143.

[lx] Tessa Paul, Reverend Ronald Creighton-Jobe, *The Complete Illustrated Encyclopedia of Saints*, Anness Publishing, p.228

[lxi] Lincoln Riddle, *Maximilian Kolbe: The Friar who Died for another at Auschwitz,* 2017, disponível em www.warhistoryonline.com (acessado em 13 de Agosto de 2019)

[lxii] Inclusive existe um livro escrito pelo historiador Roderick Barman, da universidade da Columbia Britânica, com esse mesmo nome: *Imperador cidadão.*

[lxiii] Como escreveu Bruno Garschagen em seu livro *Pare de Acreditar no Governo* (2015): *O chefe de polícia do governo Vargas, Filinto Müller, ficou conhecido tanto pela diligência com que cumpria o seu trabalho quanto pela despudorada simpatia pelo regime nazista. Um democrata. Em 1937, Müller teria passado um ano em Berlim recebendo treinamento da Gestapo e sido condecorado com a Ordem de Primeira Classe da Cruz Vermelha por Heinrich Himmler, o poderoso dirigente nazista responsável pela implementação e controle dos campos de concentração.*

[lxiv] Além de aprender Tupi, José de Anchieta criou o primeiro registro gramatical do idioma índigena, inditulado *Arte da Gramática da Língua Mais Falada na Costa do Brasil*, publicado em Coimbra no ano de 1595.

[lxv] Paulo Freire, *Pedagogia do oprimido*, publicado por Paz e Terra, 2014. P.98

[lxvi] Projeto de Lei 3033/2019 de autoria de Carlos Jordy (PSL-RJ), que declara São José de Anchieta patrono da educação brasileira e revoga a Lei nº Lei nº 12.612, de 13 de abril de 2012.

[lxvii] Nota do Santuário Nacional São José de Anchieta disponível em https://m.leiaja.com/carreiras/2019/05/30/padres-recusam-troca-de-patrono-da-educacao-por-anchieta/ (acessado em 12 de Agosto de 2019)

[lxviii] A música *Um Comunista*, de Caetano Veloso, é uma homenagem a Carlos Marighella.

[lxix] Existe uma série de livros infantis para colorir com heróis nacionais, entre eles o capitão Pilecki. Ver em https://miastodzieci.pl/kolorowanki/k/patriotyczne/ (acessado em 13 de Agosto de 2019)

[lxx] Aviso ao leitor que eu não contei todos os monumentos durante a pedalada. Eram muitas. Porém pude checar a quantidade existente no

trajeto até o parque graças ao mapa que reune todas as placas memoriais de Varsóvia no link https://www.google.com/maps/d/u/0/viewer?msa=0&mid=1IoOerJQIvU5QJ1tG9Q-tQ6lNQV4 (acessado em 14 de agosto de 2019)

[lxxi] Fragmento de discurso proferido no final da sessão invocando a existência da OWP em Poznań, em dezembro de 1926. Tradução livre do polonês para o portugues feita pelo autor.

[lxxii] Nassim Taleb, *The Logic of Risk Taking*, 25 de Agosto de 2017. Disponível em https://medium.com/incerto/the-logic-of-risk-taking-107bf41029d3 (acessado em 16 de agosto de 2019).

[lxxiii] Gérson ficou tão incomodado com o uso de seu nome que até processou algumas pessoas que o usaram. Tanto o comercial dos cigarros *Vila Rica* quanto a explicação do jogador podem ser vistos neste vídeo: https://www.youtube.com/watch?v=FMGG-EQuGw4 (acessado em 18 de Agosto de 2019)

[lxxiv] Donato, Hernâni, *Dicionário das Batalhas Brasileiras*, 1996, 2nd ed., Ibrasa, p.90.

[lxxv] Em Montese, na Itália, 3 soldados brasileiros foram mortos ao enfrentarem, sozinhos, um regimento alemão inteiro. Os alemães, impressionados com a valentia destes três, escreveram no local do enterro *"Drei brasilianischen helden"*, que significa *Três heróis brasileiros*. Mais informações podem ser vistas neste vídeo https://www.youtube.com/watch?v=mZW1AYk9KF0 (acessado em 18 de Agosto de 2019)

[lxxvi] Notícia sobre o bloqueio determinado pelo juíz da 11ª Vara de Fazenda Pública do Rio de Janeiro contra a Associação Nacional dos Veteranos da Força Expedicionária Brasileira (ANVFEB). http://g1.globo.com/rio-de-janeiro/noticia/2015/05/justica-do-rio-bloqueia-contas-da-associacao-de-veteranos-da-feb.html (acessado em 19 de Agosto de 2019).

[lxxvii] Coluna da revista Veja sobre a agressão aos militares na Cinelândia: https://veja.abril.com.br/blog/reinaldo/eis-a-grande-obra-de-maria-do-rosario-ate-aqui-militares-da-reserva-sao-agredidos-e-chamados-de-porcos-e-assassinos/ (acessado em 19 de Agosto de 2019).

[lxxviii] Acredito que a maioria dos leitores entenderam a referência, mas por via das dúvidas, essa noticia do Jornal O Globo de 17 de abril de 2016 fala sobre o sujeito: https://oglobo.globo.com/brasil/jean-wyllys-

admite-que-cuspiu-na-cara-de-bolsonaro-19110700 (acessado em 19 de agosto de 2019)

[lxxix] Trecho do hino do já citado movimento Solidariedade, que foi essencial na derrubada do comunismo. A tradução é livre e foi feita por mim mesmo. Oiriginal: *Lecz żyjmy tak, jak gdyby nasz był wiek; Pod wolny kraj spokojnie kładź fundament. A jeśli ktoś nasz polski dom zapali, To każdy z nas gotowy musi być, Bo lepiej byśmy stojąc umierali, Niż mamy klęcząc na kolanach żyć.*

[lxxx] De acordo com o censo feito em 2011. Acessível em https://www.ons.gov.uk/peoplepopulationandcommunity/culturalidentity (acessado em 20 de agosto de 2019)

[lxxxi] Notícia sobre restaurantes britânicos oferecendo comida *Halal* disponível em https://inews.co.uk/inews-lifestyle/food-and-drink/halal-meat-nandos-subway-greggs-kfc/ (acessado em 20 de Agosto de 2019)

[lxxxii] Dados obtidos do *Cia, The World Factbook*, e disponível em https://www.cia.gov/library/publications/the-world-factbook/geos/sn.html (acessado em 16 de novembro de 2019)

[lxxxiii] A carne halal precisa ser obrigatoriamente obtida pelo abate feito pelas mãos de um fiel islâmico. Logo, quando uma grande rede de restaurantes passa a oferecer somente carne halal, o consumidor pouco percebe a diferença, mas os antigos açougueiros ficam sem trabalho, a menos que se convertam para esta religião

[lxxxiv] Hanna Węgrzynek, Gabriela Zalewska: Demografia. Original em polonês disponível em https://sztetl.org.pl/pl/slownik/demografia (acessado em 05 de setembro de 2019)

[lxxxv] As duas versões do anúncio da Volvo, os links originais e uma breve explicação em inglês podem ser vistas na página http://www.informationliberation.com/?id=60175 (acessado em 21 de Agosto de 2019)

[lxxxvi] *GERMANY "BANS" SAUSAGES: Pork removed from cafes and schools to 'not offend refugees'*, jornal Express, disponível em https://www.express.co.uk/news/world/650246/Germany-bans-pork-cafes-schools-offending-Muslim-migrants (acessado em 16 de novembro de 2019)

[lxxxvii] Cerca de 5 grandpascal de pressão é necessário para produzir um diamante, ou quase 50 mil vezes a pressão atmosférica à nível do mar.

Mais informações sobre como diamantes sintéticos são produzidos em https://www.diamondlab.org/ (acessado em 21 de agosto de 2019).

[lxxxviii] Talvez o maior erro estratégico de toda a II guerra mundial tenha sido os franceses investirem tanto em um sistema de defesa como a linha *maginot*, a mais cara linha de fortificações construída até então, mas que não cobria toda a fronteira do país. Aos alemães, bastou desviarem pela fronteira com a Bélgica.

[lxxxix] O livro *No Greater Ally: The Untold Story of Poland's Forces in World War II (General Military)*, escrito por Kenneth K. Koskodan, narra sobre a decepção dos voluntários poloneses ao perceberem como facilmente muitos franceses se rendiam ou batiam em retirada durante a resistência aos ataques nazistas.

[xc] Idem

[xci] O dito filósofo apresenta uma idéia de que a felicidade é uma escolha, não um acidente. Logo, para ele, o primeiro passo para ser feliz é querer ser feliz. Algo digno de redação escrita em letra de forma na quarta série, mas se alguém quiser sofrer um pouco assistindo Karnal "elaborar" tal pensamento, o faça por sua conta e risco neste link: https://www.youtube.com/watch?v=DVZbpnzEMPo (acessado em 24 de agosto de 2019)

[xcii] *Górale* são os povos que vivem nas montanhas dos Cárpatos, em uma região entre a Polônia e Eslováquia.

[xciii] Caso o leitor deseje ver uma reportagem que já começa com uma sandice dessas, o link é http://g1.globo.com/rs/rio-grande-do-sul/noticia/2014/06/buenos-aires-brasileira-porto-alegre-faz-argentinos-sentirem-se-em-casa.html (acessado em 28 de Agosto de 2019)

[xciv] Tradução feita pelo autor da definição dicionarial para o termo inglês *Nation*. Original do *Oxford English Dictionary*: *a large body of people united by common descent, history, culture, or language, inhabiting a particular country or territory.*

[xcv] Roman Dmowski; *Myśli nowoczesnego Polaka*, 1903, p.27. Tradução feita pelo autor do polonês para o português.

[xcvi] Tradução livre feita pelo autor, do polonês para o português. O poema original, de autoria de Władysław Bełza, foi escrito no século XIX e pode ser encontrado sob o nome de *Polak mały*. Para quem quiser um momento de ternura no site *Youtube* existem vários vídeos de

bebês recitando-o, como este de um menino de apenas 3 anos https://www.youtube.com/watch?v=kqfFnXsMMss (acessado em 28 de agosto de 2019)

[xcvii] Flávio Gordon, *A corrupção da inteligência – Intelectuais e poder no Brasil*, Editora Record, 2017, p.69.

[xcviii] Flávio Gordon, *A corrupção da inteligência – Intelectuais e poder no Brasil*, Editora Record, 2017, p.68.

[xcix] Bruno Garschagen, *Pare de acreditar no governo – Por que os brasileiros não confiam nos políticos e amam o estado*, Editora Record, 2015, p. 180.

[c] Uma interessante crônica sobre os efeitos de Gramsci e Marcuse na educação foi escrita por Chuck Roger e pode ser lida na página American Thinker: https://www.americanthinker.com/articles/2010/04/cultural_marxism_in_education_1.html (acessado em 02 de setembro de 2019)

[ci] A professora da USP Marilena Chauí pode ser vista anunciando o seu ódio pela classe média no vídeo https://www.youtube.com/watch?v=fdDCBC4DwDg (acessado em 02 de setembro de 2019)

[cii] Felipe Aquino, *A carta de Pero Vaz de Caminha*, Editora Cleofas, 2019, disponível em https://cleofas.com.br/a-carta-de-pero-vaz-de-caminha/ (acessado em 03 de setembro de 2019)

[ciii] Grande parte das igrejas que foram tomadas pelos alemães e convertidas ao protestantismo ficam nas regiões ocidentais do país, como a silésia, e foram devolvidas aos católicos no século XX. Já os templos tomados e convertidos pela Igreja Ortodoxa Russa costumam ficar no leste do país, como na região de Podlasie, e muitas nunca foram retornadas, como a Capela de Maria Madalena em Bialystok.

[civ] Roman Dmowski, *Kościół naród i państwo*, 1927, p. 7. Tradução feita pelo autor do polonês para o português

[cv] Dados do site Russia Beyond, disponíveis em https://www.rbth.com/history/329361-russian-orthodox-church-ussr-communism (acessado em 04 de setembro de 2019)

[cvi] Relatório *Kościół katolicki w Polsce 1991-2011* elaborado pelo Główny Urząd Statystyczny (Departamento superior de estatística) e disponível na página https://stat.gov.pl (acessado em 04 de setembro de 2019)

[cvii] Czeslaw Milosz, *New and Collected Poems*, p.709. Tradução livre do

inglês para o português feita pelo autor.

[cviii] Eu uso a expressão "maioria dos poloneses" porquê nem uma figura como João Paulo II é unânime na Polônia. Aqueles que eram ligados ao regime marxista costumam ser grandes críticos do de JP II, como o jornalista Jerzy Urban, ativista socialista.

[cix] A referência a Leonardo Boff como frei ou religioso é meramente ilustrativa do passado, pois o mesmo abandonou os votos religiosos após os conflitos com o Vaticano.

[cx] A igreja, se não me falha a memória, é a de São Alexandre (*Sw. Aleksander*). Este pequeno santuário, em sua forma arrendondada, lembra uma versão reduzida do Panteão romano.

[cxi] A estimativa era de 27.3 mil padres em 2018. Fonte: https://www1.folha.uol.com.br/poder/2018/05/padres-mais-velhos-puxam-aumento-de-clerigos-no-pais.shtml (acessado em 02 de setembro de 2019)

[cxii] A referência é ao evento 36ª Semana da Juventude, promovido na Paróquia de São Francisco de Assis sob supervisão do padre Ticão em Julho de 2019, onde houveram oficinas sobre cannabis, aborto e feminismo.

[cxiii] Papa Pio XI, *Carta Encíclica Divinis Redemptoris do Papa Pio XI sobre o Comunismo Ateu,* 19 de Março de 1937, Cap. 2.

[cxiv] Jan Bodakowski, *Stowarzyszenie PAX w życiu politycznym, społecznym i gospodarczym PRL i III RP*, Portal Prawy, 18 de Agosto de 2015

[cxv] Frase traduzida do polonês para o inglês pelo autor. Original: "Rzeczy Bożych na ołtarzach cesarza składać nam nie wolno. Non possumus!". As últimas duas palavras não são do idioma polaco, e sim do latim, e significam "não podemos".

[cxvi] Publicação feita pela Katolicka Agencja Informacyjna sobre a prisão do primaz Wyszyński. Disponível no original em polonês em https://dziedzictwo.ekai.pl/@@uwiezienie_prymasa (acessado em 07 de setembro de 2019)

[cxvii] Talvez feliz coincidência que o cardeal que tão bravamente lutou contra a infiltração marxista na Igreja tenha o seu processo de beatificação iniciado no mesmo ano que o seu país se livrou da opressão comunista.

[cxviii] Norman Davies, God's Playground: A History of Poland Volume 2:

1795 to the Present, Columbia University Press, 1982, p. 579

[cxix] Publicação feita pela Katolicka Agencja Informacyjna sobre a associação PAX. Disponível no original em polonês em https://dziedzictwo.ekai.pl/@@uwiezienie_prymasa (acessado em 07 de setembro de 2019)

[cxx] Os padres eram Józef Lelito, Edward Chachlica e Michał Kowalik. A pena de morte acabou por não ser executada, mas os condenados perderam todos seus direitos civís e políticos.

[cxxi] A entrevista de Ion Mihail Pacepa pode ser lida no site da ACI digital https://www.acidigital.com/noticias/ex-espiao-da-uniao-sovietica-nos-criamos-a-teologia-da-libertacao-28919 (acessado em 08 de setembro de 2019). O mesmo também escreveu o livro *Desinformação. Ex-Chefe de Espionagem Revela Estratégias Secretas Para Solapar a Liberdade, Atacar a Religião e Promover o Terrorismo* onde ele faz revelações sobre os anos em que trabalhou para a polícia secreta comunista da Romênia.

[cxxii] Julio Loredo, *Chi era davvero Dom Helder Câmara?*, Corrispondenza Romana, 07 de Abril de 2015, tradução de Gercione Lima para o portal fratresinunum.com (acesssado em 08 de setembro de 2019)

[cxxiii] Idem

[cxxiv] Revista Catolicismo, Edição Especial, Novembro de 1995, p.13.

[cxxv] Sociedade Brasileira de Defesa da Tradição, Família e Propreidade, Um homem, uma obra, uma gesta – Homenagem das TFPs a Plinio Corrêa de Oliveira, 1988, São Paulo: Edições Brasil de Amanhã

[cxxvi] Intelligentsia é um termo surgido na literatura polaca e russa que representa a (arrogante e deveras estúpida) classe intelectual de certas sociedades que tomam para si o direito de guiar as massas. Para saber mais a respeito, recomendo o livro *O Imbecil Coletivo*, de Olavo de Carvalho.

[cxxvii] *Leão, símbolo da legitimidade no estandarte da TFP* Revista Catolicismo, N° 588 - Janeiro de 2000, , disponível em https://www.pliniocorreadeoliveira.info/DIS_SD_870207_leao_legitimidade.htm (acessado em 15 de setembro de 2019)

[cxxviii] De acordo com o medidor de fluxo na internet *Alexa*, em setembro de 2019 o portal Pch24 é o 973a website mais visitado da Polônia. Por outro indicador (*SimilarWeb*), é o quarto site mais visitado na categoria

Faith and Beliefs.

[cxxix] No dia 13 de março de 2018, a emissora teve como convidada a *funkeira* Jojo Toddynho para uma entrevista em seu Jornal da Vida, o telejornal diário do canal aberto supostamente católico. Jojo usava um roupa que expunha a maior parte de seus seios.

[cxxx] Uma das ocasiões em que a Editora Paulinas promoveu a condenada *Teologia da Libertação* em suas publicações foi no lançamento do livro *Ao Lado dos Pobres: A Teologia da Libertação é uma teologia da Igreja.*

[cxxxi] Walton, Nicholas, *Polish Cardinal tackles radical radio.* BBC News. 20 de abril de 2010

[cxxxii] *Massive turnout for rosary crusade in Poland. Liberals furious*, 09 de Outubro de 2017, disponível em https://www.lifesitenews.com/news/massive-turnout-for-rosary-crusade-in-poland.-liberals-furious (acessado em 17 de setembro de 2019)

[cxxxiii] O concílio Vaticano II aconteceu entre 1962 e 1965 e realizou significativas reformas na igreja católica. A mais marcante delas foi a mudança dos rituais da missa. O latim e o missal romano do século XVI deixaram de ser utilizados na maior parte dos locais, o sacerdote passou a celebrar virado para o público ao invés de virado para o altar, etc. É bem questionável se os efeitos dessas mudanças foram benéficos.

[cxxxiv] O tema foi abordado pela filósofa Uspiana de maneira onde, forçosamente, ela usa a física quantica para justificar relativismos até mesmo de ordem moral. Caso queira verificar, por sua conta e risco: Marilena Chauí, *Convite à Filosofia,* p.74 em diante.

[cxxxv] Notícia sobre o fato: https://oglobo.globo.com/sociedade/educacao/valesca-popozuda-se-diz-honrada-com-citacao-em-prova-de-filosofia-12124815 (acessado em 28 de setembro de 2019)

[cxxxvi] Friedrich, Karin; Pendzich, Barbara M., *Citizenship and Identity in a Multinational Commonwealth, Poland-Lithuania in Context, 1550–1772.* 2019 p. 4.

[cxxxvii] Pelo menos esta é a situação no ano de 2019, enquanto este livro é escrito. O futuro a Deus pertence.

[cxxxviii] https://vestibular.mundoeducacao.bol.uol.com.br/obras-literarias (acessado em 30 de setembro de 2019)

[cxxxix] Lista de livros exigida no exame geral pós-ensino médio polonês de 2019 disponível em https://dziennikbaltycki.pl/matura-2019-

lektury-maturalne-na-egzaminie-z-polskiego-jakie-ksiazki-trzeba-znac-na-mature-z-polskiego-obowiazkowe-i/ar/13882842 (em polonês, acessado em 01 de outubro de 2019)

[cxl] Um caso emblemático da sexualização de crianças perpetrada criminalmente pelo nosso sistema educacional foi o do livro *Mamãe, como eu nasci*, com cenas de sexo e masturbação e introduzido em escolas pernambucanas para crianças de 6 a 10 anos. Maiores informações: http://www.recife.pe.leg.br/noticias_antigas/vereadores-querem-suspender-cartilha-sobre-educacao-sexual (acessado em 02 de Outubro de 2019)

[cxli] O caso aconteceu em 2018 na cidade de Ribeirópolis, Sergipe. Reportagem do portal Terça Livre sobre o ocorrido pode ser vista em https://www.youtube.com/watch?v=kiX0qnhgfEo (acessado em 02 de Outubro de 2019)

[cxlii] Herbert Marcuse foi um dos principais ideólogos do marxismo cultural do século XX. Uma de seus príncipios era o de usar a "arte", muitas vezes pornográfica, para distorcer a noção de realidade. Ele deixou claro isso na frase: *A verdade da arte está em seu poder de quebrar o monopólio da realidade estabelecida para definir o que é real*, citada no livro (em inglês) *The Aesthetic Dimension: Toward a Critique of Marxist Aesthetics*, Beacon Press, p.9.

[cxliii] Um exemplo de um professor-ativista usando o discurso pré-fabricado de combate ao racismo para desmerecer o mais brilhante escritor infantil que este país já teve: https://www1.folha.uol.com.br/ilustrissima/2019/02/obra-infantil-de-monteiro-lobato-e-tao-racista-quanto-o-autor-afirma-autora.shtml (acessado em 04 de outubro de 2019)

[cxliv] Artigo e entrevista em polonês do portal Ekai, de 02 de fevereiro de 2016. Disponível em https://ekai.pl/ponad-proc-dzieci-i-mlodziezy-uczeszcza-na-lekcje-religii/ (acessado em 04 de outubro de 2019)

[cxlv] Matéria em polonês da revista *Wpolityce*, de 27 de agosto de 2012. Disponível em https://wpolityce.pl/polityka/138808-nauczanie-religii-w-szkole-nawet-podczas-zaborow-zawsze-znajdowalo-sie-w-wykazie-szkolnych-przedmiotow-nauczania (acessado em 04 de outubro de 2019)

[cxlvi] A pesquisa de Sharon Sui Ngan Ng e Nirmala Rao explica mais

sobre como os idiomas orientais facilitam o ensino da matemática. *Chinese Number Words, Culture, and Mathematics Learning, Review of Educational Research*
Vol. 80, No. 2 (Junho 2010), p.180-206

[cxlvii] No tempo de escrita deste livro, os últimos dados do PISA são referentes aos testes de 2015, cujos resultados podem ser vistos em https://read.oecd-ilibrary.org/education (acessado em 25 de setembro de 2019)

[cxlviii] Dados disponíveis no relatório da OECD *Education at a Glance 2014: OECD Indicators*, 2014, p.220

[cxlix] O Salário inicial de um professor na Polônia no momento que escrevo é de 2538 *zlotys*, enquanto o piso salarial brasileiro para o magistério é de 2557 reais, e as duas moedas possuem uma cotação parelha. Fonte do salário na Polônia (em polonês): https://www.bankier.pl/wiadomosc/Ile-zarabiaja-nauczyciele-7647189.html (acessado em 04 de outubro de 2019). Fonte do salário brasileiro: https://www.guiadacarreira.com.br/salarios/quanto-ganha-um-professor/ (acessado em 04 de outubro de 2019).

[cl] Conforme dados da OECD, FMI e Eurostat compilados em 2018, o Brasil tem o 51ª maior custo de vida do mundo enquanto a Polônia tem o 59ª. Disponível (em inglês) em: https://www.worlddata.info/cost-of-living.php (acessado em 04 de outubro de 2019).

[cli] Cálculos feitos a partir dos números apresentados no documento *The System of Education in Poland*, publicado pela *Foundation for the Development of the Education System,* Varsóvia, 2014, p. 41

[clii] Números cálculados a partir da Resolução SE Nº 81, de 16-12-2011, públicada pela secretaria de educação de São Paulo e disponível em http://siau.edunet.sp.gov.br (acessado em 27 de setembro de 2019)

[cliii] Freire, Paulo; *Pedagogia da Autonomia*, 2015, 51ª edição, Editora Paz & Terra, p. 66

[cliv] A definição do termo *educação bancária* criado por Paulo Freire é aprofundada no artigo de Miriam Furlan Brighente e Peri Mesquida, escrito em 2016 e com um viés favorável ao pedagogo marxista: http://www.scielo.br/pdf/pp/v27n1/1980-6248-pp-27-01-00155 (acessado em 05 de outubro de 2019).

[clv] Garschagen, Bruno; *Pare de acreditar no governo: por que os brasileiros não confiam nos políticos e amam o Estado*, 2015, 1. ed., Editora Record, p.

191

[clvi]	Disponível em https://educacao.estadao.com.br/noticias/geral,eleicoes-no-dce-usp-sob-suspeita,474427 (acessado em 08 de outubro de 2019)

[clvii]	Disponível em https://veja.abril.com.br/blog/reinaldo/dce-da-usp-esquerdista-admite-que-fraude-ou-a-chapa-reacao-e-os-reacionarios-vermelhos-ou-a-esquerda-nao-perde-a-eleicao-nem-a-pau-ou-reagir-e-preciso/ (acessado em 08 de outubro de 2019).

[clviii] Disponível em http://www.adusp.org.br/index.php/defesa-da-universidade/131-usp-democratica/924-eleicoes-do-dce-resultado-apertado-e-suspeita-de-fraude (acessado em 08 de outubro de 2019)

[clix] Informações e fotos do evento disponíveis (em polonês) em http://www.lechia.org/2009/11/11/11-11-wieczor-piesni-patriotycznej/ (acessado em 09 de outubro de 2019)

[clx] Conflito que ocorreu entre a Igreja Católica e o governo imperial alemão entre 1872 e 1878.

[clxi] Estatuto da Corporação Acadêmica *Astrea Lublinensis* (em polonês) disponível em: http://astrea.org.pl/statut/ (acessado em 10 de outubro de 2019)

[clxii] Declaração ideológica da Corporação Acadêmica *Aquilonia* (em polonês) disponível em: http://aquilonia.pl/deklaracja-ideowa/ (acessado em 10 de outubro de 2019)

[clxiii] Fonte (em polonês) disponível em http://akropolia.pl (acessado em 10 de outubro de 2019)

[clxiv] Aledo, Roniel; *Cómo el marxismo cultural de la Escuela de Frankfurt inventó la persecución al disidente*, 06 de Dezembro de 2016, Actuall. Traduzido do espanhol para o português pelo autor.

[clxv] Garschagen, Bruno; *Pare de acreditar no governo: por que os brasileiros não confiam nos políticos e amam o Estado*, 2015, 1. ed., Editora Record, p. 140

[clxvi] Faço referência ao albúm *Índia*, da cantora Gal Costa, onde na capa a mesma aparecia vestida de índigena e com um dos seios a mostra.

[clxvii]	Dados oriundos da OCDE e Banco Mundial e disponíveis em https://www.gazetadopovo.com.br/educacao/ocde-confirma-brasil-gasta-us-14-mil-por-aluno-na-universidade/ e https://tradingeconomics.com/brazil/gdp-per-capita (acessado em 11 de outu-

bro de 2019)

[clxviii] Dados oriundos da OCDE e Banco Mundial e disponíveis em https://data.oecd.org/eduresource/education-spending.htm e https://tradingeconomics.com/poland/gdp-per-capita (acessados em 11 de outubro de 2019)

[clxix] O leitor pode argumentar que nas universidades públicas, somente os cursos de humanas atingem o grau de deterioração que menciono neste capítulo. E isso é um argumento correto, porém eu vos pergunto: Até quando?

[clxx] https://vestibular.mundoeducacao.bol.uol.com.br/obras-literarias (acessado em 12 de outubro de 2019)

[clxxi] Quem quiser descobrir o nome vulgar do evento, basta visitar o *site* da própria Universidade Federal do Amapá: https://www2.unifap.br/generodiversidade/ (acessado em 12 de outubro de 2019)

[clxxii] Flávio Gordon, *A corrupção da inteligência – Intelectuais e poder no Brasil*, Editora Record, 2017, p.292 - 293.

[clxxiii] Carvalho, Olavo, *Notas das redes sociais reunidas,* 2016. Disponível em https://olavodecarvalhofb.wordpress.com/2016/09/09/escola-sem-partido/ (acessado em 12 de outubro de 2019)

[clxxiv] Flávio Gordon, *A corrupção da inteligência – Intelectuais e poder no Brasil*, Editora Record, 2017, p.293. Eu tomei a liberdade de substituir o gerúndio *notando* para o partícipio passado *notado* para que a citação e o capítulo se concluam com ponto final.

[clxxv] O livro mencionado é *O wielości cywilizacyj* ("Sobre as várias civilizações"). Para o leitor brasileiro, pode ser surpreendente como o autor argumenta contra aquilo é um costume corrente da nossa direita: a afirmação que pertencemos à uma certa civilização "judaico-cristã". Na análise de Koneczny, o judaismo forma uma civilização distinta, com valores e instituições que assaz diferem da nossa, a civilização latina (ou latino-cristã). Em certos pontos são até mesmo antagônicos, como o caráter racialista e o relativismo ético judaicos, opostos ao universalismo e busca da verdade imutável da civilizaçao latino-cristã.

[clxxvi] Koneczny, Feliks; *O wielości cywilizacyj*, Varsóvia 1935, p. 154.

[clxxvii] Koneczny, Feliks; *Państwo i Prawo*, Wydawnictwo WAM, Cracóvia 1997, pp. 90–91

[clxxviii] Thomas Carlyle escreveu um trabalho de três volumes, publicado em 1837, intitulado *A Revolução Francesa: Uma História*. Ele menciona pelo menos duas vezes naquele livro que crianças foram executadas por meio da guilhotina.

[clxxix] Massaniello era um pescador italiano que foi o *poster-boy* de uma revolta que aconteceu em 1647 no sul da Itália, contra o aumento das taxas sobre as frutas e outros alimentos consumidos pelas classes mais baixas e imposto pela coroa espanhola.

[clxxx] A primeira versão em inglês do livro do bispo Grzymała Goślicki se chama *A commonwealth of good counsaile,* e foi lançada em 1607.

[clxxxi] Grzegorz Leopold Seidler, *Eighteenth-Century Studies, Some Remarks on the Polish Political System in the Past*, Eighteenth-Century Studies, Vol. 15, No. 1, 1981, pp. 108-111

[clxxxii] É irônico que Thomas Jefferson ao mesmo tempo que nutria publicamente posições anti-católicas, foi inspirado tão profundamente por um bispo católico.

[clxxxiii] Um exemplo é o livro *História Do Brasil Em 20 Lições,* de João Ricaldes, que cretinamente acusa o império de Dom Pedro II de consolidar uma ideologia racista no Brasil, quando a realidade foi que a família real era integralmente abolicionista, organizava festividades e celebrações com a presença de negros (um escândalo para a época) e considerava a escravidão uma aberração. Dom Pedro II tentou no parlamento a abolição da escravatura desde 1848. Foi uma luta de 40 anos contra os fazendeiros, estes sim opositores do fim do regime escravagista. Mais a respeito pode ser lido na página do escritor Percival Puggina: http://www.puggina.org/artigo/outrosAutores/dom-pedro-ii-do-brasil/10737 (acessado em 18 de outubro de 2019).

[clxxxiv] O partido socialista polonês que comparo ao PT se chama SLD, e o político em questão é Aleksander Kwaśniewski, que protagonizou cenas memoráveis como um discurso na Ucrânia em 2007 onde ele aparenta estar completamente bêbado e com dificuldade em falar algo com nexo em seu próprio idioma. Vídeo do discurso disponível em https://www.youtube.com/watch?v=4UEoRN9asdw (acessado em 18 de outubro de 2019).

[clxxxv] Uma das mais claras demontrações de quão "oposição" ao PT é o PSDB foi a defesa feita por Fernando Henrique Cardoso de Lula e Dilma Roussef. Disponível em https://www.youtube.com/watch?

v=PaVvDFvGnVg (acessado em 18 de outubro de 2019)

[clxxxvi] É possível obter mais informações sobre o escândalo de corrupção *Infoafera* na página (em polonês) http://www.grzechy-platformy.org/afery/infoafera/ (acessado em 18 de outubro de 2019)

[clxxxvii] Matéria do portal Onet.pl, *Krzyż zamiast zegara - nowe porządki w sali posiedzeń Rady Ministrów*. 09 de Dezembro de 2015.

[clxxxviii] João Dória declarou seu apoio para a parada LGBT em entrevista ao canal Rede TV, mas maiores informações podem ser encontradas em https://catracalivre.com.br/cidadania/joao-doria-diz-que-vai-apoiar-e-participar-da-parada-gay/ (Acessado em 18 de outubro de 2019)

[clxxxix] A tradução da expressão latina é algo como "Após isto e portanto em razão disto"

[cxc] Na data que este livro é escrito (2019), o partido que defende publicamente tanto o aborto quanto a ideologia de gênero na Polônia se chama *Lewica*, que significa, criativamente, "A Esquerda".

[cxci] Resultados de pesquisa feita pelo instituto Real Time Big Data em 2018 e disponíveis em https://noticias.r7.com/brasil/brasileiro-e-contra-descriminalizar-drogas-e-legalizar-aborto-14062018 (acessado em 19 de outubro de 2019)

[cxcii] Gordon, Flavio; *A corrupção da inteligência: intelectuais e poder no Brasil*, Editora Record, 10ª edição, 2017, p. 63.

[cxciii] Carvalho, Olavo, *Sto. Antonio Gramsci e a salvação do brasil*, disponível em http://old.olavodecarvalho.org/livros/negramsci.htm (acessado em 20 de outubro de 2019)

[cxciv] A capa das três revistas pode ser acessada no link http://knfranca.blogspot.com/2016/11/eleicao-de-donald-trump-e-destaque-nas.html (acessado em 22 de outubro de 2019)

[cxcv] Tradução feita pelo autor, Texto original: *Republikanin zasiądzie w Białym Domu. Donald Trump został zwycięzcą wyborów prezydenckich w Stanach Zjednoczonych,* publicado pela revista DoRzeczy em 09 de Novembro de 2016.

[cxcvi] Referência a este ocorrido em uma escola estadual de São Paulo: https://www.tercalivre.com.br/mae-denuncia-doutrinacao-de-criancas-em-colegio-estadual/ (acesssado em 24 de outubro de 2019)

[cxcvii] Gordon, Flavio; *A corrupção da inteligência: intelectuais e poder no*

Brasil, Editora Record, 10ª edição, 2017, pp. 50-51.

[cxcviii] Disponível em https://www.infomoney.com.br/colunistas/economia-com-renata-barreto/fake-news-o-mais-novo-pretexto-para-censura-ideologica/ (acessado em 26 de outubro de 2019)

[cxcix] Entrevista de Roniel Aledo para o portal Actuall em 06 de dezembro de 2016, disponível em https://www.actuall.com/criterio/democracia/como-el-marxismo-cultural-de-la-escuela-de-frankfurt-invento-la-persecucion-al-disidente/ (acessado em 28 de outubro de 2019).

[cc] Ver sobre a *questão religiosa*, conflito ocorrido no segundo reinado entre os bispos liderados por Dom Vital e a maçonaria.

[cci] Koneczny, Feliks; *Państwo i Prawo*, Wydawnictwo WAM, Cracóvia, 1997, p. 123. Tradução livre do autor do original polonês para o português.

[ccii] Pedro Weingärtner foi um pintor gaúcho do século XIX, um desses brasileiros cujas obras poderiam estar tranquilamente expostas no museu do Prado ou no Hermitage, mas que no Brasil é pouco conhecido e as escolas de arte olham com desesprezo, insinuando *Muito europeizado, nem parece brasileiro!*. Porquê para o crítico brasileiro, nacional é uma exposição chamada *queermuseu*.

[cciii] Um video onde o referido professor fala sobre a arte, com referências a São Tomás e Aristóteles, pode ser visto em https://www.youtube.com/watch?v=f68kBM6R9ac (acessado em 30 de outubro de 2019).

[cciv] Adorno, Theodore; *Minima Moralia, Reflections on a damaged life*, Verso, 2005, p.72

[ccv] Refiro-me à exposição ocorrida em Setembro de 2017 durante o 35ª panorama de arte brasileira, ocorrido no Museu de Arte Moderna de São Paulo, onde o "artista" Wagner Schwartz era tocado por uma criança enquanto estava nú.

[ccvi] A música original se chama *Siadaj nie Gadaj*. Tradução livre feita pelo autor.

[ccvii] Trecho disponível em https://www.youtube.com/watch?v=rV6i3lwesCI (acessado em 02 de novembro de 2018)

[ccviii] Apocalipse 3:15-16

[ccix] A palavra polonesa *Kotwica* significa âncora, mas também é um sím-

bolo patriótico (à este faço referência) que é na verdade as letras P e W sobrepostas formando um desenho similar à peça naval. O significado deste P&W são vários. A primeira explicação que recebi foi de minha noiva logo quando vi o símbolo pela primeira vez no alto de um prédio no centro de Varsóvia e que significava *Polska Walcząca* (Polônia em luta). Essa é a explicação mais aceita embora existam outros significados possíveis.

[ccx] O manifesto original em italiano, bem como traduzido em inglês e francês pode ser encontrado no sítio do senado da Itália: www.senato.it

[ccxi] Uma curiosidade não relacionada: O primeiro marido de Ursula Hirschmann foi Eugenio Colorni. Ele foi assassinado em 1944, e ela logo em seguida ela casou com o colega de ambos, Spinelli. Na década de 70 Ursula fundou a *Association Femmes pour l'Europe*, um grupo feminista sediado em Bruxelas. O irmão de Ursula, Albert O. Hirschman, foi um progressista e crítico radical do conservadorismo, e sua filha, Barbara Spinelli, se tornou uma parlamentar membro do partido eco-socialista *L'Altra Europa*.

[ccxii] Richard J. Mayne, John Pinder and John C. De V. Roberts. *Federal Union: The Pioneers: A History of Federal Union*, Palgrave Macmillan, 1990

[ccxiii] Coudenhove-Kalergi, Richard; *Practical Idealism*, tradução de Dimitra Ekmekts, Omnia Veritas Ltd, 2018

[ccxiv] Dmowski, Roman; *Kościół, naród i państwo*, publicação original em polonês, tradução do autor. 1927

[ccxv] Tamma, Paola; *Even where abortion is legal, access is not granted*, VOXEUROP, 24 de maior de 2019.

[ccxvi] *EU foreign affairs ministers adopt ground-breaking global LGBTI policy* The European Parliament Intergroup on LGBT Rights, 24 de junho de 2013.

[ccxvii] Frase original dita em entrevista para a Rádio Maryja e TV Trwam em dezembro de 2017: *Chcemy przekształcać Europę, ją z powrotem - takie moje marzenie - rechrystianizować, bo w wielu miejscach kościoły są zamieniane na jakieś muzea.* Tradução livre feita pelo autor.

[ccxviii] Arquétipo fictício.

[ccxix] Outro arquétipo fictício. Cajobi é uma cidade do norte de São Paulo.

[ccxx] Referência ao termo *Pax Romana*, que foi o longo periodo de paz e prosperidade no Império Romano iniciado em 28 A.C quando César Au-

gusto declarou o fim das guerras civis.

[ccxxi] A Inflação polonesa entre 1989 e 1990 chegou a 600% ao ano. O então ministro Leszek Balcerowicz desenvolveu um plano econômico cuja idéia era uma terapia de choque, sacrificando ganhos no curto prazo com vista na estabilização da moeda. Guarda algumas semelhanças com o Plano Real brasileiro, como o controle da emissão de dinheiro.

[ccxxii] Ramalhete, Carlos; *Senhoritos satisfeitos*, Gazeta do Povo, 06 de janeiro de 2016.

[ccxxiii] *How Warsaw is becoming the New Berlin*, DivercityMag, 26 de novembro de 2018, disponível em www.divercitymag.be/en/how-warsaw-is-becoming-the-new-berlin (acessado em 11 de novembro de 2019)

[ccxxiv] *Warsaw - the new Berlin?*, Euronews, 8 de dezembro de 2015, disponível em www.euronews.com/2015/12/08/warsaw-the-new-berlin (acessado em 11 de novembro de 2019)

[ccxxv] Beata, Chomątowska; *Dlaczego Warszawa nie będzie Berlinem. "Łatwo ulec iluzji"*, Wyborcza Warszawa, 23 de agosto de 2014.

[ccxxvi] *Hatred against Germans is increasing in Berlin, says city's interior minister*, The Local Germany, 07 de março de 2018. Disponível em www.thelocal.de/20180307/hatred-against-germans-is-increasing-in-berlin-says-citys-interior-minister

[ccxxvii] Leia-se "Stacheque"

www.ingramcontent.com/pod-product-compliance
Lightning Source LLC
Chambersburg PA
CBHW031114250726
48655CB00004B/1706